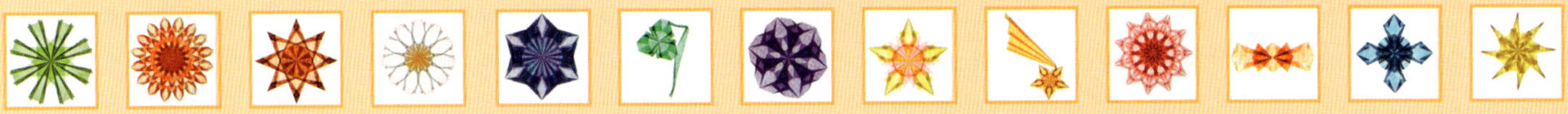

Frédérique Guéret

Leuchtende Fenstersterne

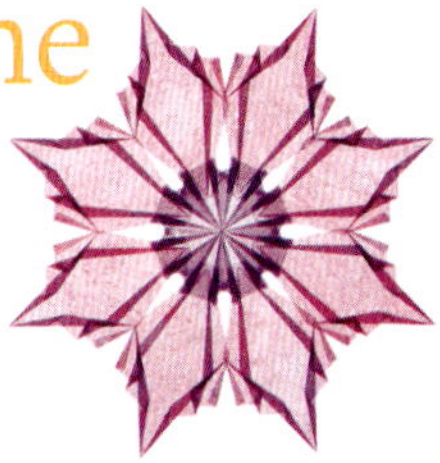

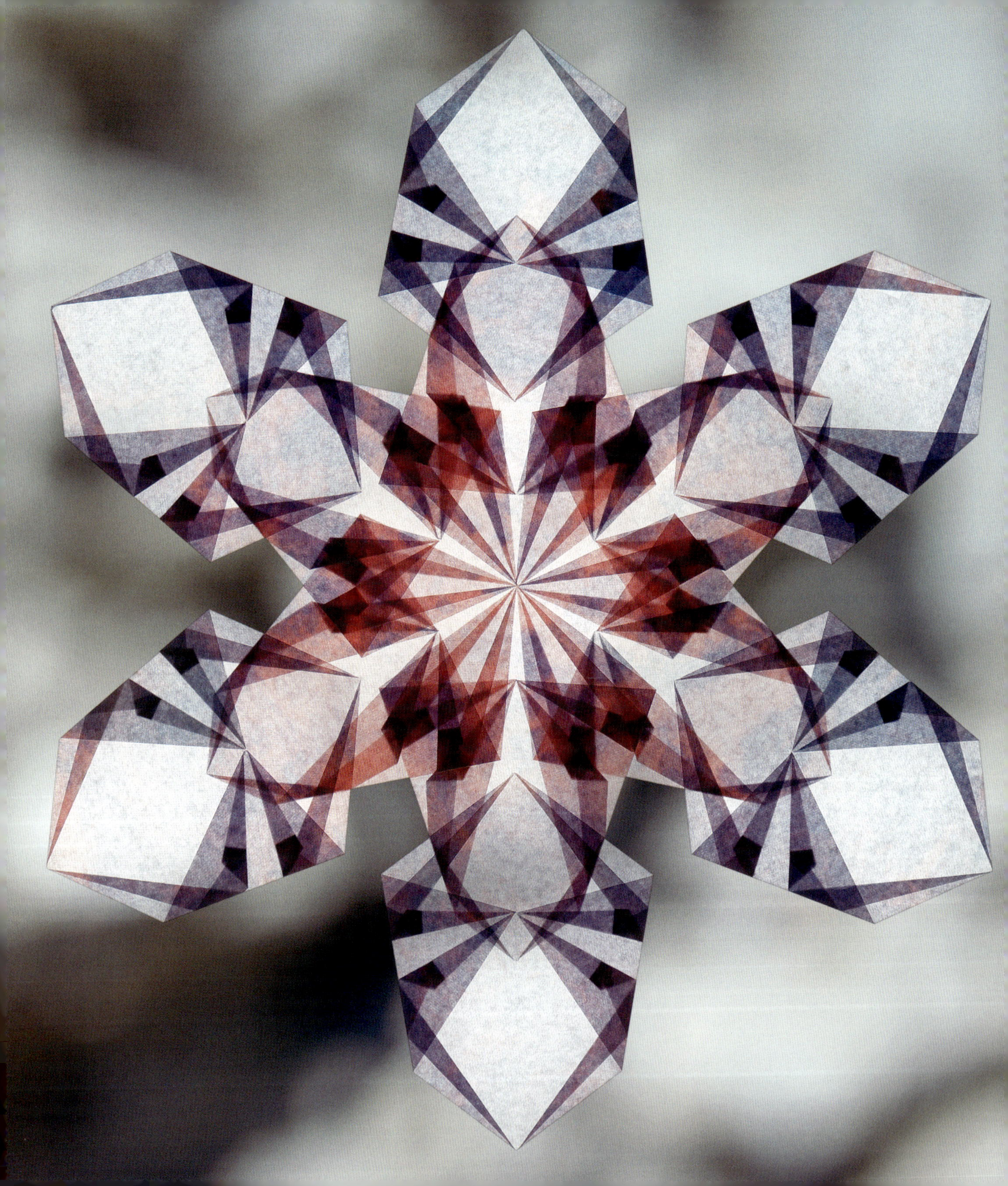

Frédérique Guéret

Leuchtende Fenstersterne
aus Seidenpapier

Verlag Freies Geistesleben

Frédérique Guéret geboren 1949 in Aix-les-Bains, war bis 1980 in einer Pariser Werbeagentur tätig. Danach lebte sie in Nürnberg, heute wohnt sie in Stuttgart, wo sie eine Mal- und Zeichenausbildung absolvierte. Aus ihren vielseitigen Interessen heraus entwickelte sie eine eigene, lebendige Methode in der Faltkunst mit Seidenpapier. Weitere ihrer besonderen Fenstertransparente veröffentlichte sie in den Büchern *Magische Fenstersterne, Funkelnde Fenstersterne* und *Zauberhafte Fenstersterne*.

4. Auflage 2022

Verlag Freies Geistesleben
Landhausstraße 82, 70190 Stuttgart
www.geistesleben.com

ISBN 978-3-7725-2738-8

Fotos: Jürgen Pfeiffer
Zeichnungen: Frédérique Guéret
Druck: DZS Grafik, Ljubljana
Printed in Slovenia

FSC www.fsc.org MIX Papier aus verantwortungsvollen Quellen FSC® C106600

Klimaneutral Druckprodukt ClimatePartner.com/13357-2208-1013

Mehr Ideen für ein kreatives Leben:
bit.ly/3PH4oRJ

Bleiben Sie mit unserem Newsletter auf dem Laufenden:
bit.ly/3NwkUmi

Inhalt

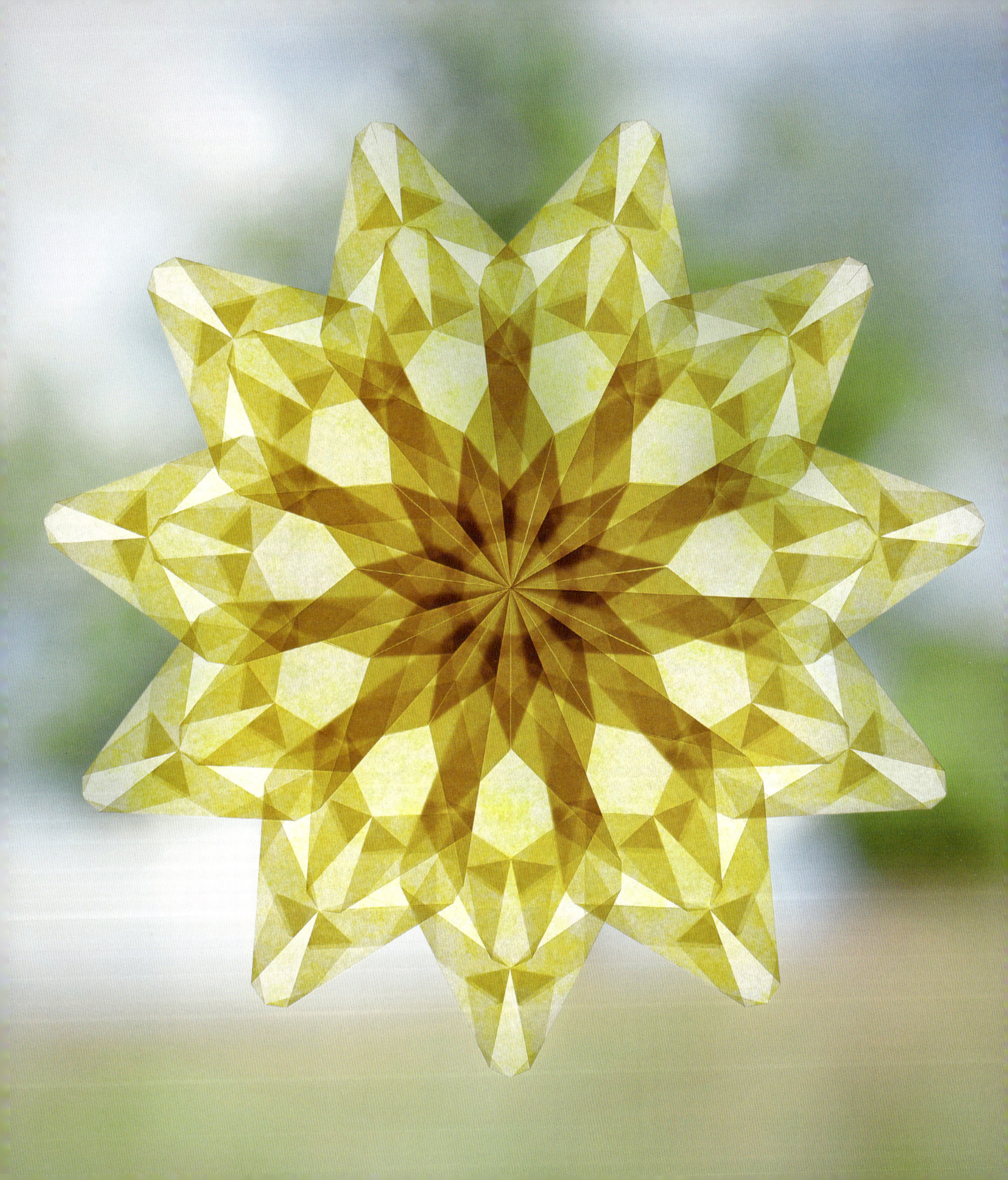

Vorwort

Eindrucksvolle Seidenpapiertransparente strahlen am Fenster eine eigentümliche, fast mysteriöse Stimmung aus. Erst der Farbenglanz, dann aber auch die besondere Formkraft ziehen den Blick des Betrachters wie magisch an. Ein Augenblick des Staunens und ein stiller Moment der Bewunderung machen sich in der Seele geltend. Das Gefühl einer harmonischen Einheit zwischen Form und Farbe entsteht und lässt kaum noch ahnen, dass dieses vergängliche Gebilde aus mehreren gefalteten Schnitten zusammengesetzt wurde. Vielleicht taucht dann die Frage auf: Wie kommt solch ein kleines, zartes Wunderwerk zustande? Durch die Wirkung des flutenden Sonnenlichtes erscheint ein faszinierendes Linien- und Facettenspiel zwischen Formen und Farben. Und immer wieder entdeckt man etwas Neues an diesen leuchtenden Faltornamenten, weil die feinen geometrischen Strukturlinien sich ständig durchdringen. Man könnte sogar meinen, dass manche Transparente imstande sind, sich leicht zu bewegen, obwohl sie am Fenster fixiert sind.

Seidenpapiertransparente regen also die schöpferische Fantasie des Betrachters an. Ist es ein funkelnder Stern, der am Horizont aufsteigt? Oder ist es ein Sonnenball, der, seine Wärme spendend, langsam herumkreist? Ist es jetzt vielleicht ein erstarrter Schneekristall aus kühl bläulichem Filigran? Oder schwebt hier eine vom Wind getragene Blüte heran? Oft scheint aber auch ein zarter Stern durch einen ziselierten Kristall hindurch. Oder es offenbart sich eine Blüte im Herzgewebe einer Sonne. Unerschöpflich wirkungsvoll sind hier die Metamorphosen. Die vier Jahreszeiten werden poetisch angesprochen und spiegeln sich immer wieder neu durch das lichte Wechselspiel solcher Transparente. Die Freude an dieser stillen und kreativen Falttätigkeit wird schon geweckt, wenn das geschmeidige Papier leise knisternd, angenehm durch die Finger gleitet. Lassen Sie sich nun durch die genauen Schritt-für-Schritt-Anleitungen führen, deren übersichtliche und präzise Zeichnungen nur scheinbar kompliziert aussehen. Es liegt jedem Transparent ein lebendiger und logischer Faltprozess zugrunde. Exaktes Falten und die innere Ruhe werden Sie sicher zu einem befriedigenden Ergebnis bringen.

Neben den zwei erfolgreichen Werken *Zauberhafte Fenstersterne* (2012) und *Funkelnde Fenstersterne* (2013) präsentiert auch das vorliegende Buch eine Reihe von Modellen, deren Ausgangsformen überwiegend aus rechteckigen Schnitten gewonnen werden. Zudem werden Sie andere Erfindungen und Variationen beim Falten ausprobieren können, die die kreativen Möglichkeiten dieser Faltkunst erweitern und bereichern. Also keine Langweile!

Neben den wertvollen praktischen Erlebnissen, die man beim Falten mit Seidenpapier erfahren kann, sollte der therapeutische Aspekt natürlich nicht außer Acht gelassen werden. Die beruhigende oder die innerlich anregende und wohltuende Wirkung, die von einer solchen transparenten Farbharmonie ausgeht, fügt sich zu der rein dekorativen Fensterstimmung hinzu und kann wie eine stille Heilquelle der Freude und der Lebenskraft wirksam werden.

Mögen diese Transparente Sie durch das Jahr und die dazugehörigen Jahresfeste weiterhin begleiten und auch Besucher und Freunde begeistern.

Frédérique Guéret

Benötigtes Material

Um diese eindrucksvollen Farbspiele aus Papier zu gestalten, brauchen Sie nur wenig Material.

Das **Seidenpapier** – auch Blumenseide genannt – ist extrem lichtdurchlässig. Es wird im üblichen Standardformat 50 x 70 cm in Einzelblättern oder als Set angeboten. Vorsichtshalber sollten Sie immer prüfen, ob Ihre Blattgröße mit diesem Ausgangsformat übereinstimmt. Ist sie doch etwas länger, so reduzieren Sie sie auf 70 cm. Es ist für ein bequemes Zuschneiden der Schnitte ohne extra Ausmessungen entscheidend. Die Farbskala ist reich, je nach Hersteller werden Sie feine Unterschiede sowohl bei der Papierdurchsichtigkeit als auch bei den farbigen Nuancen feststellen können. Es empfehlen sich vor allem die helleren Farben, sowohl die kalten als auch die warmen Abstufungen.

Um zusätzliche farbige Effekte zu erzielen, lesen Sie das Kapitel «Wie Sie das Seidenpapier beleben können», Seite 14.

Für das Zuschneiden der Faltbögen und der einzelnen Schnitte brauchen Sie ein **Messer** mit langer und spitz zulaufender Klinge. Es ist auch ein wichtiges Hilfswerkzeug, um beim Faltprozess feinere Falten zu bilden und zu glätten. Um einige besondere Falten sauber und vorsichtig aufzuschlitzen, brauchen Sie eine **Rasierklinge**, die sie ganz flach verwenden können. Cutter oder andere Schneidewerkzeuge sind dafür nicht geeignet.

Nehmen Sie als Unterlage einen hellen, kräftigen **Karton** und für das Zusammensetzen der einzelnen Schnitte eine glatte, durchsichtige **Plastikfolie** im Format A3. Ferner brauchen Sie flüssigen **Bastelkleber**, der transparent trocknet.

Für ein sauberes, gezieltes Auftragen des Klebstoffs auf die angegebenen Stellen und für das Zusammenfügen der fertig gefalteten Strahlen benutzen Sie am besten einen langen **Holzspieß**. Nach mehrfacher Verwendung können Sie ihn mit dem Messer wieder spitzen.

Für das Aufkleben der Transparente an der Fensterscheibe ist ein einseitiger, durchsichtiger **Klebefilm** von schmaler Breite (12 mm) besonders geeignet.

Eine **Schere** werden Sie eventuell für das Zuschneiden der dreieckigen Schnitte brauchen, ein **Lineal** nur zum Nachprüfen.

Für die stimmungsvolle Steigerung der Farben nehmen Sie einen **Pinsel** von mittlerer Größe, einen kleinen **Schwamm** und einen **Föhn** zum schnellen Trocknen. Nehmen Sie je nach Wunsch **Aquarellfarben** in Näpfchen oder flüssige Wasserfarben im Glas (z.B. *Tusche* Ecoline).

Tipp

Falls Ihnen einige Zeichnungen, die die verschiedenen Faltprozesse erläutern, zu klein sind, können Sie die entsprechenden Abbildungen auf einem Fotokopierer nach Belieben vergrößern.

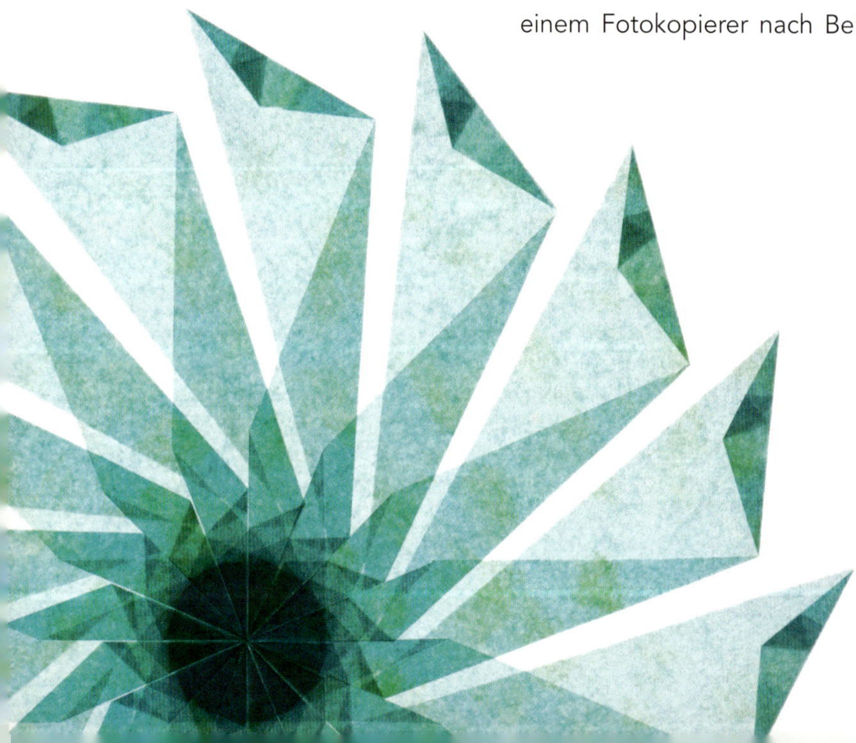

Zeichenerklärung

* Sehr einfach zu falten
** Einfach zu falten, braucht aber mehr Aufmerksamkeit
*** Weiterhin einfach zu falten, aber besonders zusammengesetzt
**** Braucht mehr Fingerspitzengefühl
***** Außerordentlicher Faltvorgang, besonders zusammengesetzt

Ø = Umfang des fertigen Transparents
Z = Zentrum, als Klebepunkt für das Zusammensetzen
S = Spitze der Strahlen
⊙ = Klebepunkt
(•) = Klebepunkt zwischen Grund und erster Papierlage
– = Klebestrich
• = Wichtiger Orientierungspunkt und Klebepunkt zwischen zwei Schnitten für eine besondere Art des Zusammensetzens
◡ = Die Pfeilrichtung deutet auf den Faltvorgang hin
◌ = Falten und wieder öffnen (Vorbereitungsfalte für eine Hilfslinie)
↻ = Wenden des ganzen Schnitts (auf die Rückseite) zwischen zwei Faltvorgängen
➔ = Herausziehen einer Faltung für einen besonderen Lichteffekt
= Mit dem Messerrücken glätten
= Mit dem Messer oder der Rasierklinge teilen
= Mit dem Zeigefinger drücken – für die «Trichterfalte»

Wenn Sie ein wenig Übung mit dem normal belassenen Papier gewonnen haben, werden Sie über die kleinen Unregelmäßigkeiten, die bei diesen Varianten entstehen, leicht hinweggehen können. Der Durchmesser solcher bearbeiteten Transparente wird natürlich durch die Behandlung etwas kleiner als angegeben.

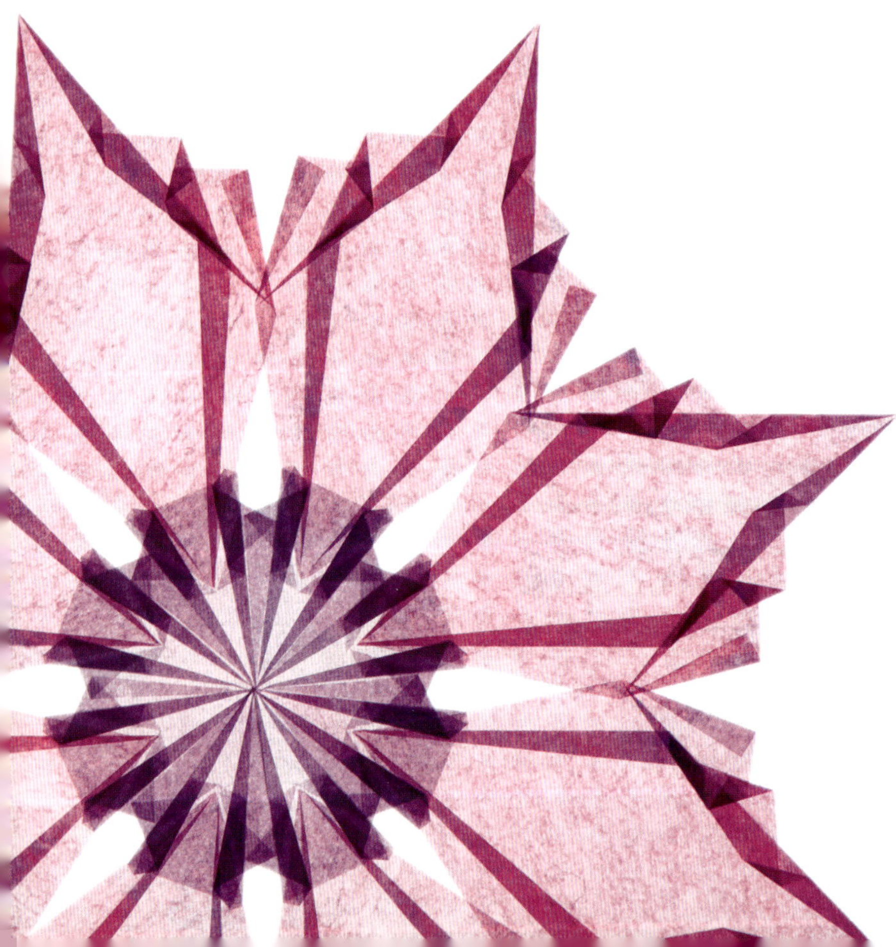

Zuschneiden des Seidenpapiers

Haben Sie sich eine bestimmte Farbe für Ihr Transparent ausgesucht, dann können Sie mit der Vorbereitung des Seidenpapierbogens beginnen. Falten Sie zuerst das gesamte Blatt (im üblichen Standardformat 50 x 70 cm) und teilen Sie es mit dem Messer in zwei bzw. in vier Blätter, wenn Sie ein Viertelblatt brauchen (siehe Schnittvorlagen Seite 18). Achten Sie, bevor Sie das Papier durchschneiden, immer darauf, dass die Kanten ganz genau übereinanderliegen. Dann, je nach Schnittangabe, teilen Sie weiter.
Bei dieser einfachen Methode fällt jegliches Ausmessen mit dem Lineal weg. Die genannten Maßangaben ergeben sich von selbst und dienen nur einer eventuellen Eigenkontrolle.
Grundform und Anzahl der benötigten Schnitte (= Teile) finden Sie gleich unter jedem Transparenttitel mit diesen Zeichen charakterisiert:

Sie haben auch die Wahl zwischen zwei, drei oder eventuell vier Umfangsgrößen (Ø).
Wenn Sie Anfänger in der hier beschriebenen Faltkunst sind, beginnen Sie erst mit einem Transparent (* bis **) und wählen Sie lieber das mittelgroße Format.

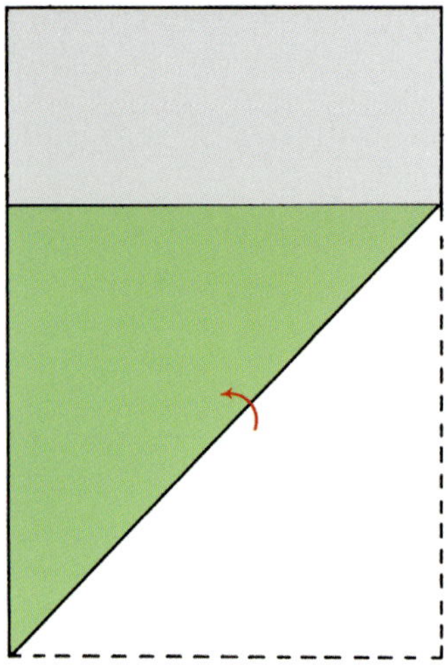

1

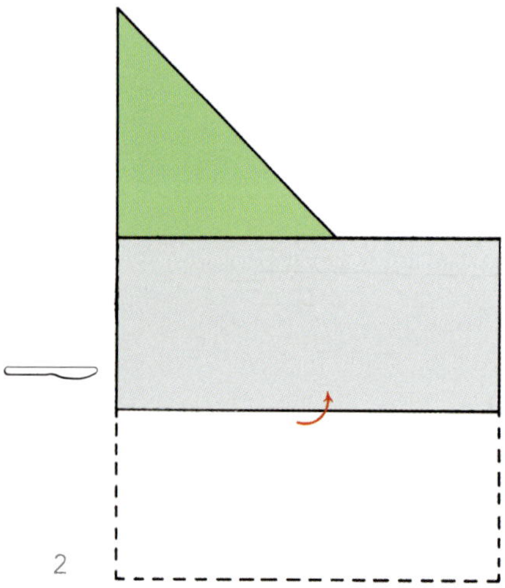

2

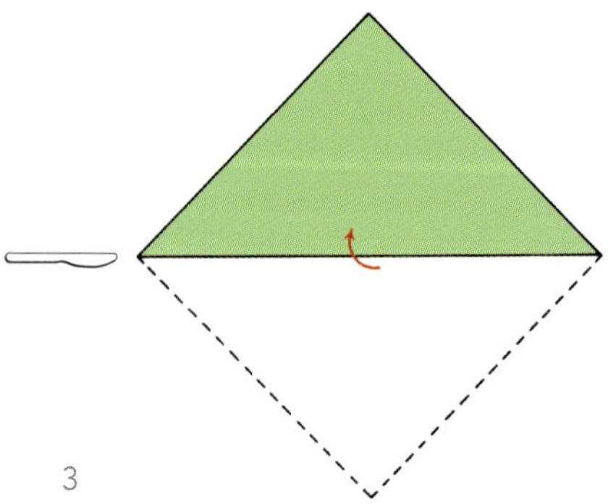

3

Schnittvorlagen

Bei den Schnittvorlagen (S. 20/21) gibt es für jeden Schnitt zwei Zeichnungen. Die obere Zeichnung geht vom Gesamtbogen (50 x 70 cm) aus. Sie zeigt Anzahl und Größe der verwendeten Einzelschnitte, die sich aus einem Viertelblatt, einem halben oder einem ganzen Blatt ergeben. Die untere Zeichnung zeigt davon eine Vergrößerung des entsprechenden farbigen Schnitts mit den jeweiligen Maßangaben.
An und für sich sind diese genauen Maßangaben überflüssig, da sie sich eigentlich durch die Papierteilung von selbst ergeben. Sie stehen Ihnen nur als mögliche Kontrolle zur Verfügung.
Die Farbe der gebrauchten Schnitte vermittelt Ihnen einen leichten Überblick über die Ausgangsmuster.
Die notwendigen Schnittnummern für die Transparente werden je nach Umfangsgröße (Ø) des fertigen Sterns immer zu Beginn jeder Beschreibung angegeben.

Rechteckige Schnitte

Die rechteckigen Schnitte können verschiedene Größen haben und bis zu länglichen Streifen werden. Die Schnittnummern 1 bis 8 (Seite 20) ergeben sich einfach durch entsprechende mehrfache Teilung. Bei den länglichen Streifen (Schnittnummern 15 und 16) wird das viertel oder das halbe Blatt halbiert (rote Linie) und dann dreifach weiter gefaltet und geschnitten (Seite 21). Dieses dreiteilige Falten gleicht dem Faltvorgang eines Briefbogens. Mit Hilfe eines Lineals können Sie nachprüfen, ob die Falten gleichmäßig sind. Haben Sie beim ersten Versuch nicht ganz genau gefaltet, können Sie wieder problemlos nachkorrigieren, ohne dass es später zu optischen Beeinträchtigungen führt.

Quadratische und dreieckige Schnitte

Quadratische und dreieckige Schnitte betreffen die Schnittnummern 9 bis 14 (Seite 21). Falten und schneiden Sie mit dem Messer ein halbes oder ein viertel Blatt nach den Zeichnungen 1 und 2 (Seite 18). Sie brauchen nur das große Viereck je nach Angabe als Ganzes, in vier oder sechzehn weiter zu teilen. Die schattierte Partie bleibt unbenutzt.
Die dreieckigen Schnitte lassen sich einfach durch Teilung eines Quadrats nach der Zeichnung 3 gewinnen. Nehmen Sie eventuell eine Schere zu Hilfe, wenn Anfang oder Ende der Diagonale sich nicht leicht anschneiden lassen.
Sind alle Schnitte (=Teile) fertig gefaltet, so kommt der spannende Moment, wo Sie sich einen Gesamteindruck bilden können. Legen Sie zuerst die Plastikfolie auf den Karton, bevor Sie mit dem Zusammensetzen beginnen. Die gefalteten Seiten der Schnitte müssen oben liegen. Dann werden sie im Uhrzeigersinn aneinandergereiht.

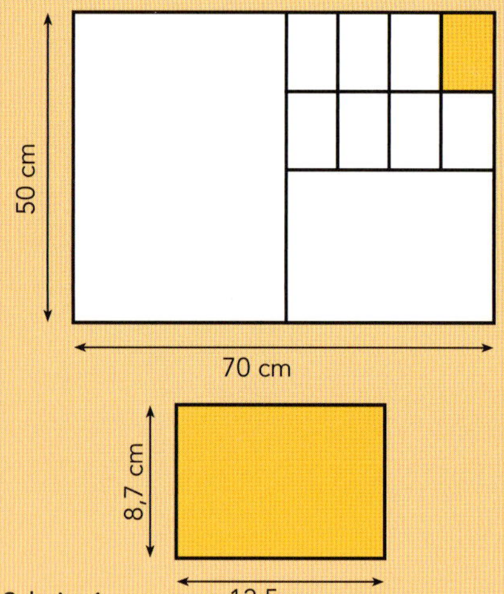

Schnitt 1

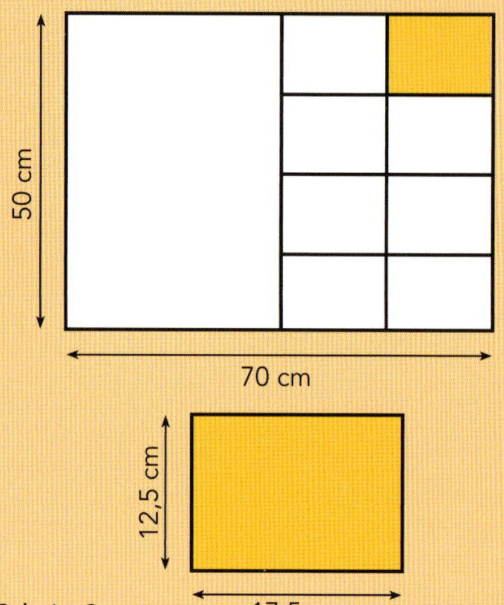

Schnitt 2

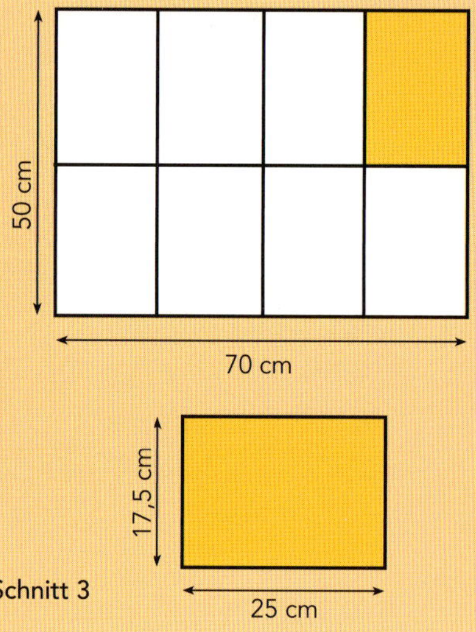

Schnitt 3

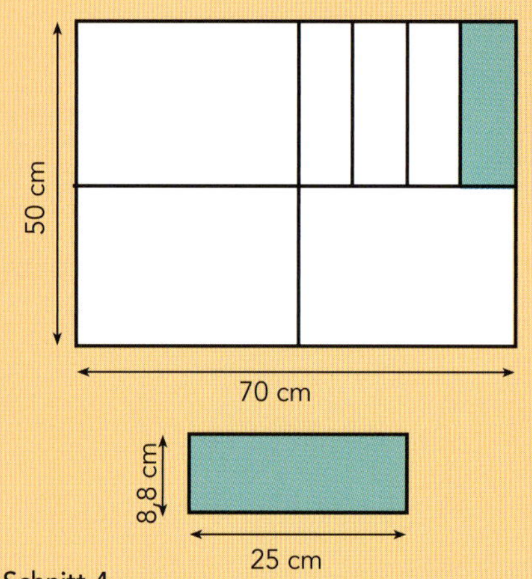

Schnitt 4

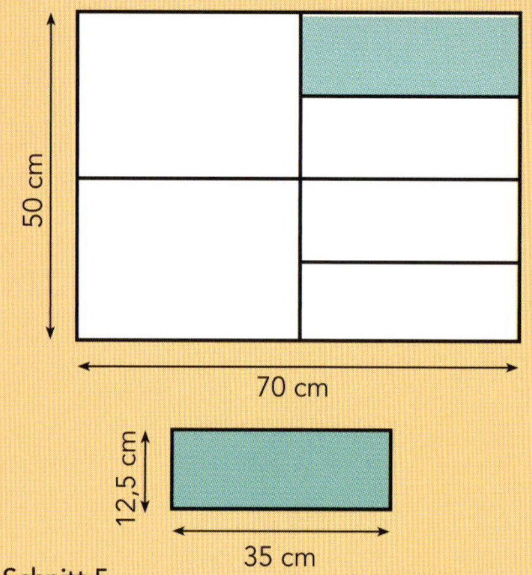

Schnitt 5

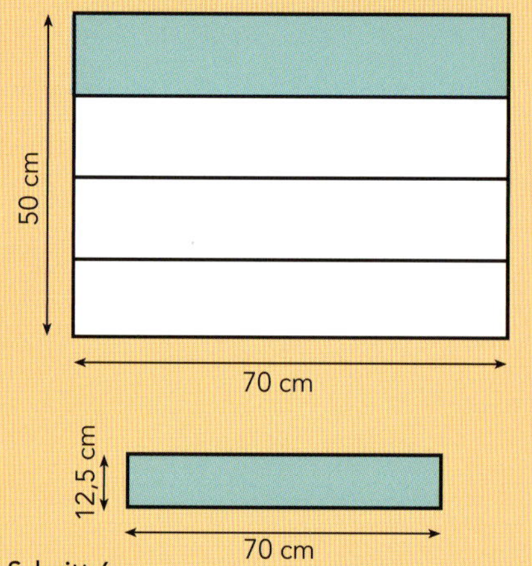

Schnitt 6

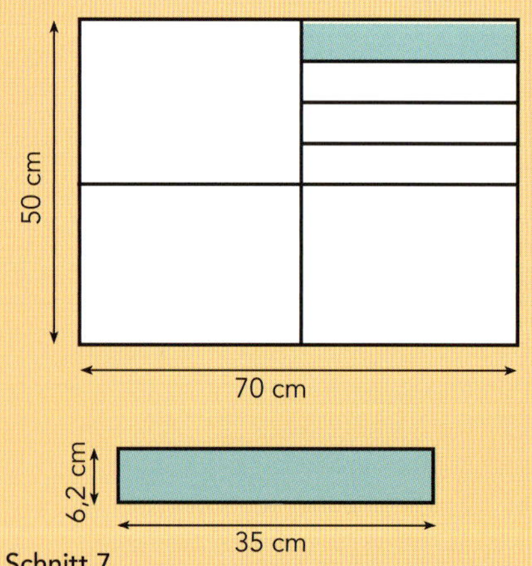

Schnitt 7

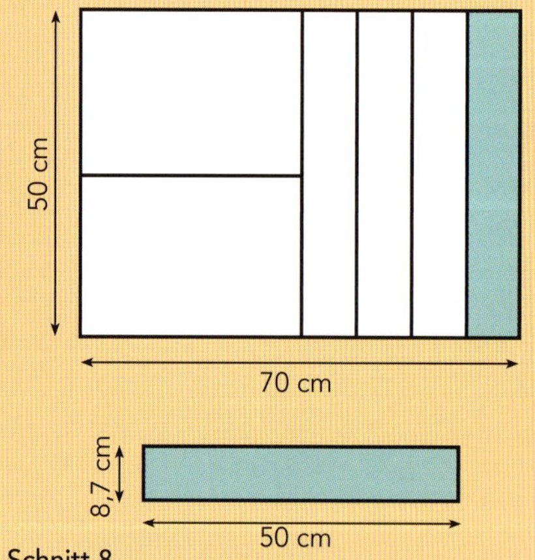

Schnitt 8

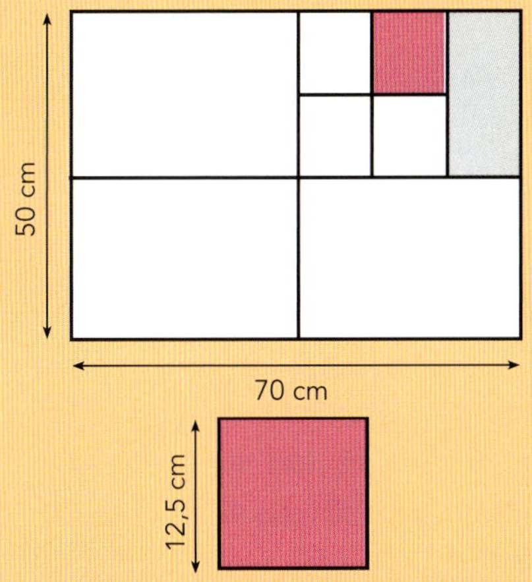

Schnitt 9

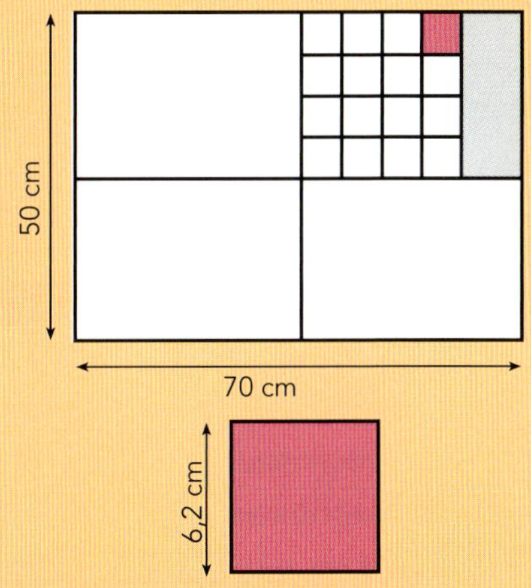

Schnitt 10

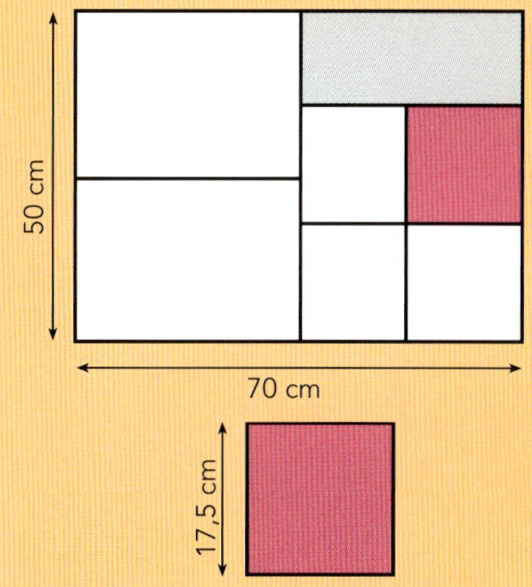

Schnitt 11

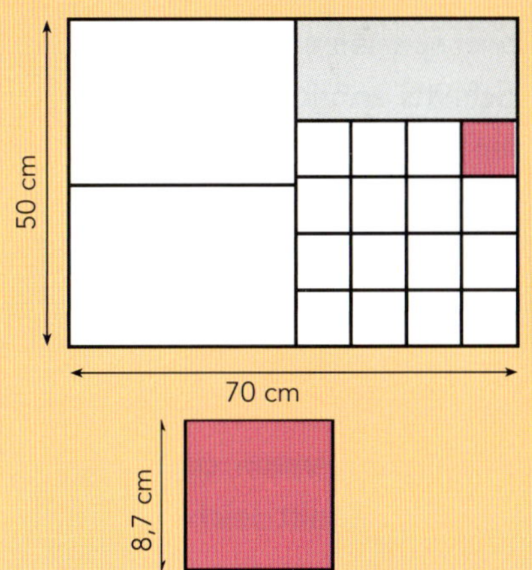

Schnitt 12

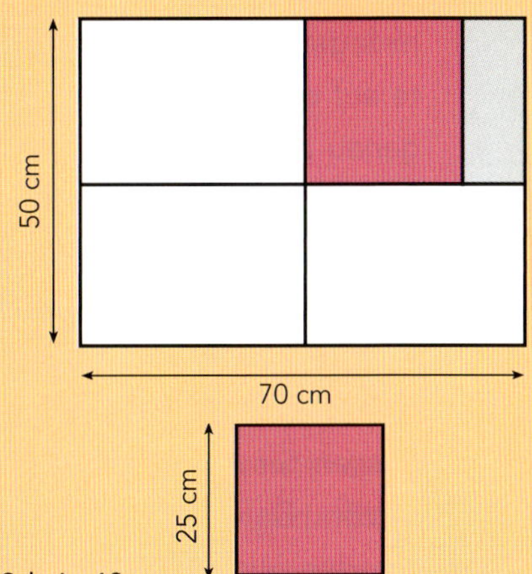

Schnitt 13

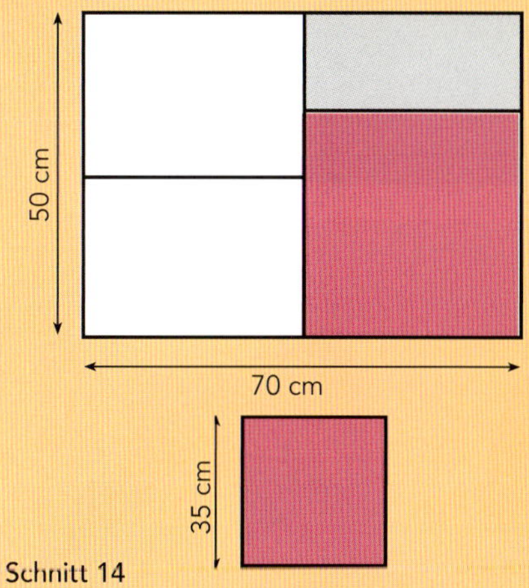

Schnitt 14

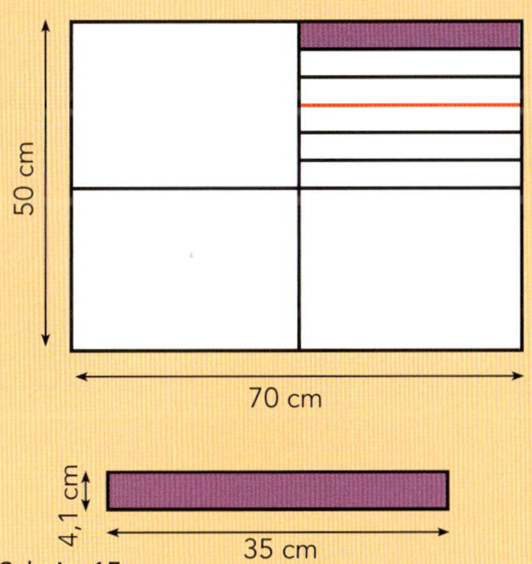

Schnitt 15

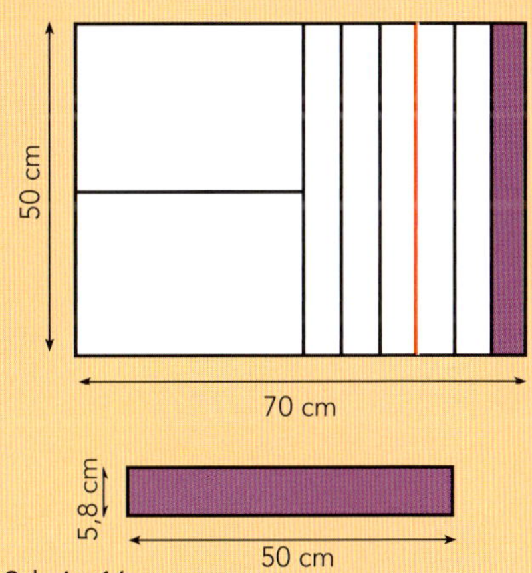

Schnitt 16

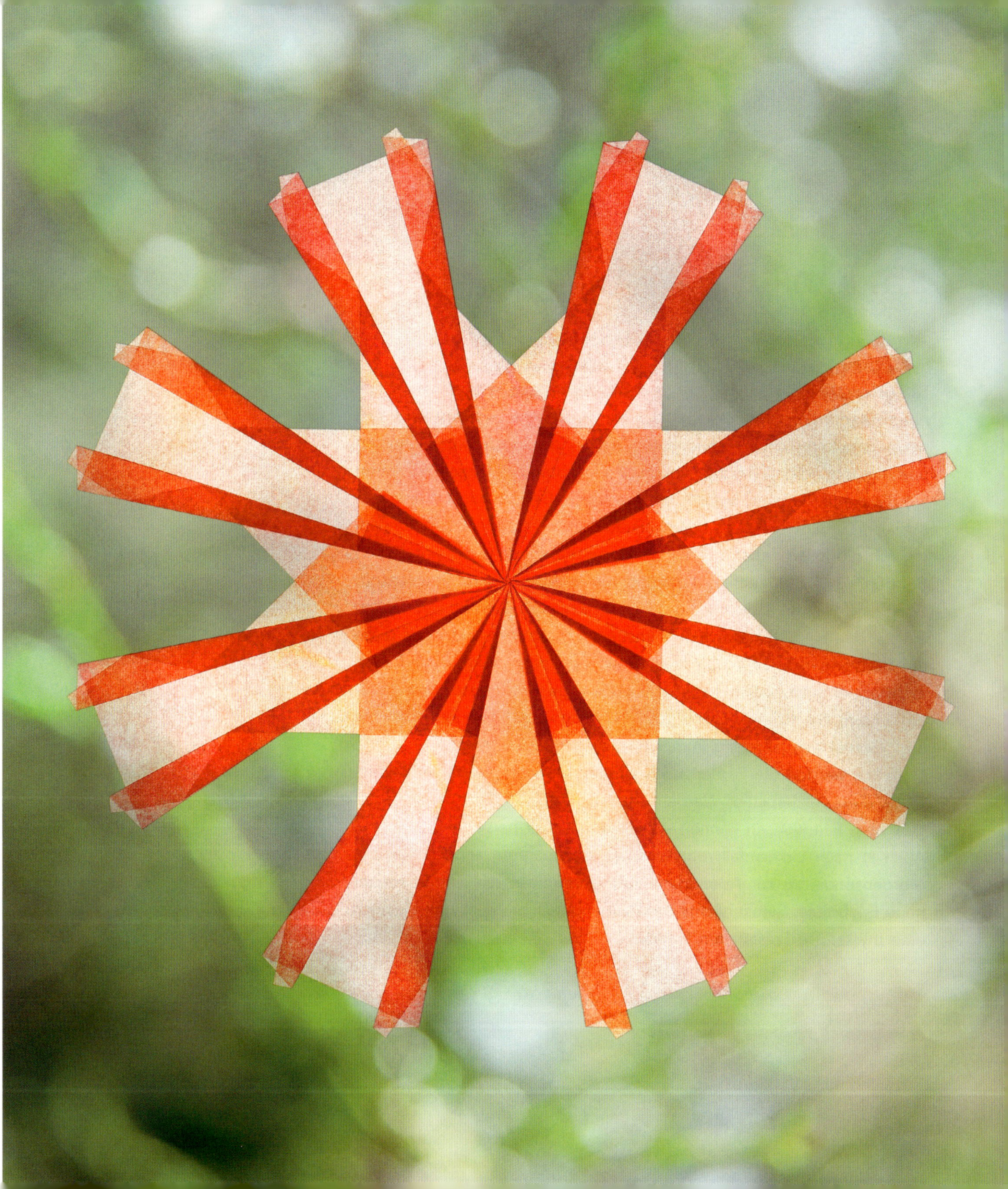

Strahlenkraft *

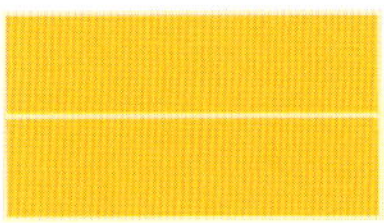

Achtstrahlig
Ø 51 cm, Schnitt 3
Ø 36 cm, Schnitt 2
Ø 26 cm, Schnitt 1

Die starke Wirkung dieses Transparents rührt von der klaren und ungewöhnlichen Struktur seiner acht Strahlen her. Sie ist wie ein plötzlicher Funke, der mit freudigem Licht in die Finsternis hereinbricht. Die Strahlenform erinnert aber auch an Posaunen, die einen klaren, triumphierenden Engelsklang hervorbringen wollen.

Wählen Sie am besten ein Seidenpapier mit heller Farbe. Wenn Sie eine besonders schöne Farbwirkung für Ihr Transparent erzielen wollen, legen Sie vor dem Zuschneiden zwei Seidenpapierblätter übereinander, deren Farben schon verwandt sind (z.B. zartes Grün und helles Blau), und nässen Sie beide durch (nähere Anleitungen auf Seite 14).
Je nach Umfang des Sterns nehmen Sie acht rechteckige Schnitte der oben genannten Größen. Für Anfänger eignet sich die Größe 1 besonders gut.
Falten Sie zuerst den Schnitt der Länge nach in zwei Hälften und öffnen Sie ihn, um die Mittellinie zu bekommen. Mittellinien und Diagonalen sind immer die wichtigen Vorbereitungsfalten vor jedem eigentlichen Faltprozess. Am Anfang der jeweiligen Angaben werden Sie eine kleine Zeichnung finden (siehe oben), die gleich verdeutlicht, mit welcher Diagonale/Mittellinie angesetzt wird.

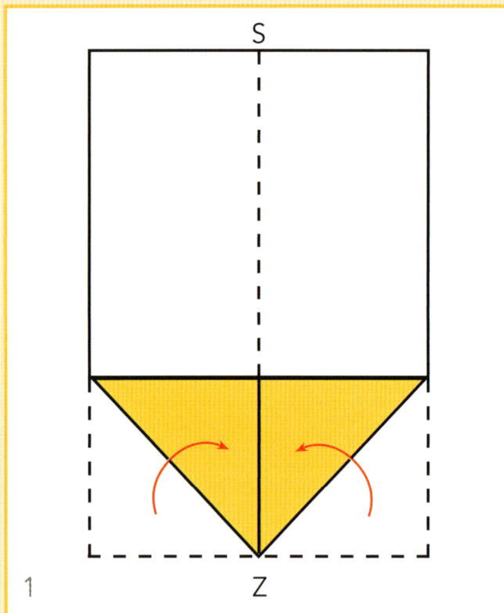
S
Z
1

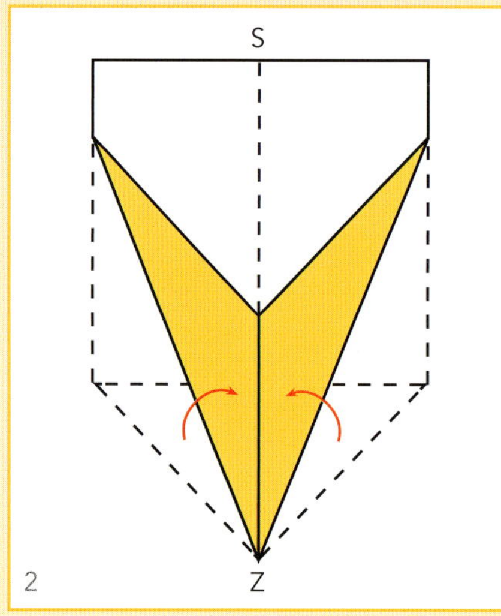
S
Z
2

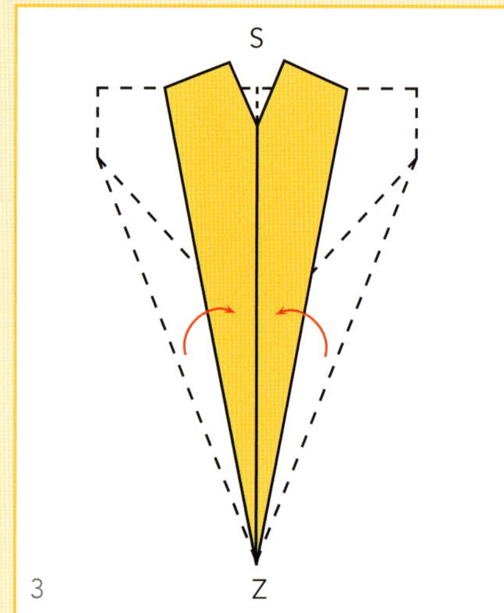
S
Z
3

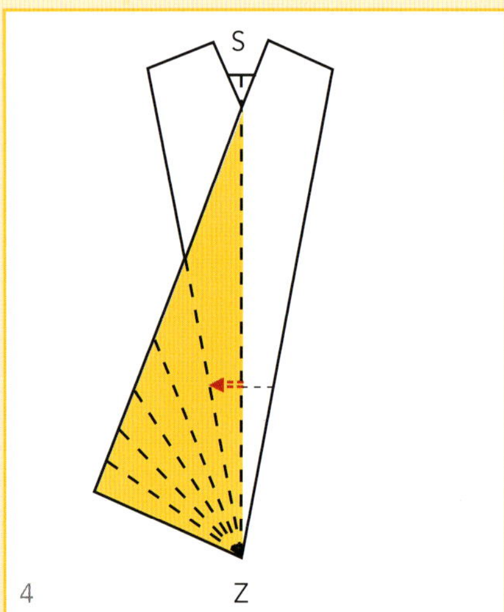
S
Z
4

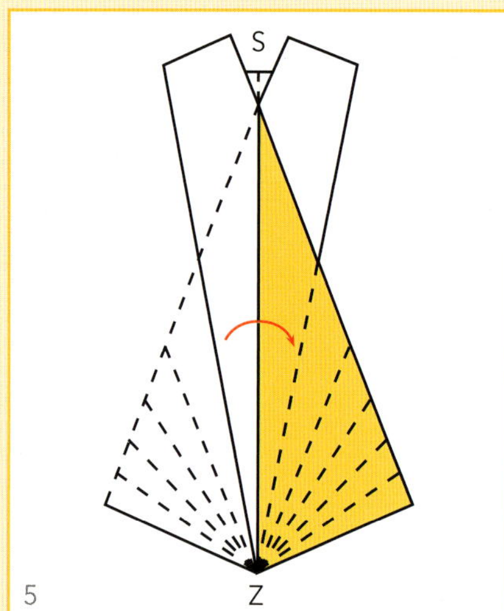
S
Z
5

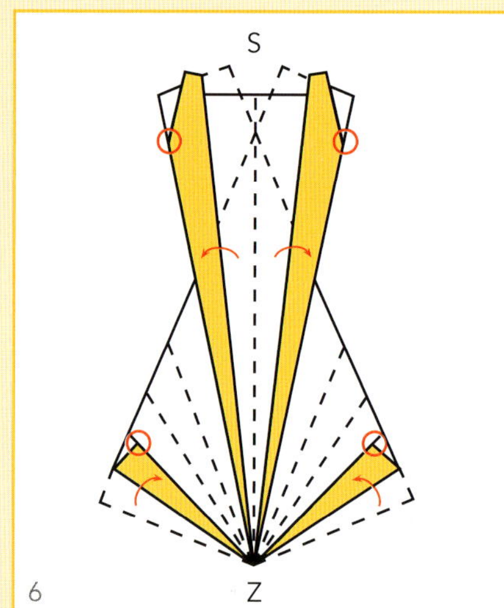
S
Z
6

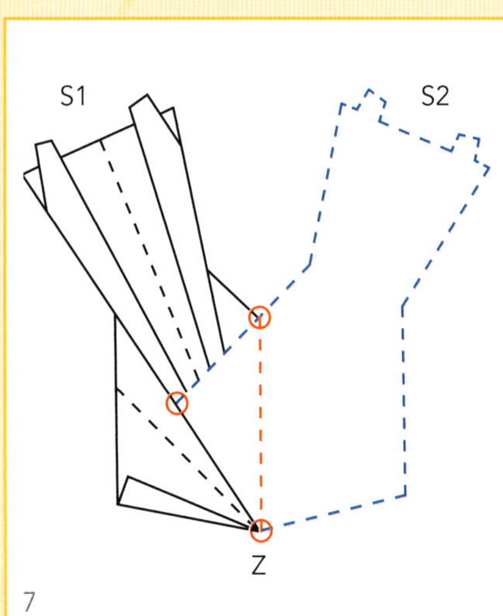
S1
S2
Z
7

Abb. 1–3: Beginnen Sie mit dem gezeigten Schritt-für-Schritt-Faltvorgang nach der Reihenfolge der Zeichnungen. Die punktierten Linien deuten immer auf die direkt zuvor gebildeten Faltungen. Farbige Schattierungen und Pfeile machen die Faltentwicklung noch anschaulicher.
Abb. 4: Heben Sie ein wenig die rechte gefaltete Schnittseite, um das versteckte rechteckige Eck nach links vorzuziehen. Dieser Entfaltungsvorgang wird immer mit dem Zeichen → charakterisiert.
Abb. 5: Legen Sie jetzt diese linke Seite auf die rechte Seite. *Dann entfalten Sie genauso die andere Schnittseite, um sie nach links zu legen.*
Abb. 6: Öffnen Sie die mittleren Kanten und legen Sie diese auf die Seiten. Damit die Falten schön spitz verlaufen, können Sie sich immer mit dem Messerrücken helfen. Die schrägen Kanten am Zentrum (Z) werden auf die zwei punktierten Hilfslinien gelegt. Jetzt die angegebenen Klebepunkte (o) anbringen.
Abb. 7: Sind die acht Schnitte fertig gefaltet, beginnt das Zusammensetzen. Dafür finden Sie auf Seite 22 die Grundanleitung. Die letzte Zeichnung zeigt immer das Zusammensetzen von zwei Schnitten. Der zweite, angelegte Schnitt (S2) wird mit blau punktierten Umrissen gezeigt.
Achten Sie hier gut darauf, dass die rot punktierten Faltlinien exakt aufeinanderliegen. Die drei angegebenen Klebepunkte sparsam anbringen. Und nun können Sie Ihren ersten Stern am Fenster bewundern.

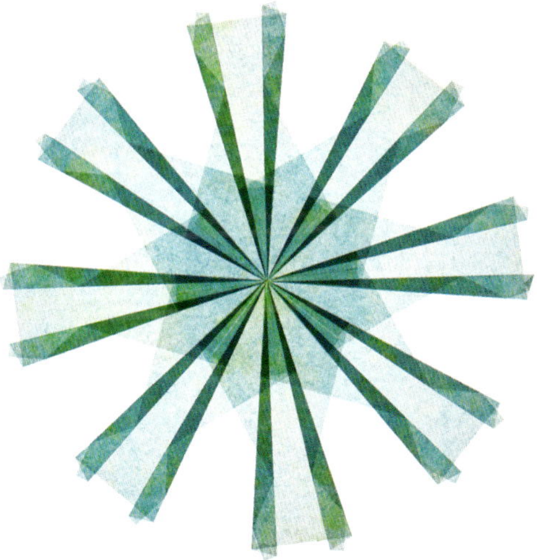

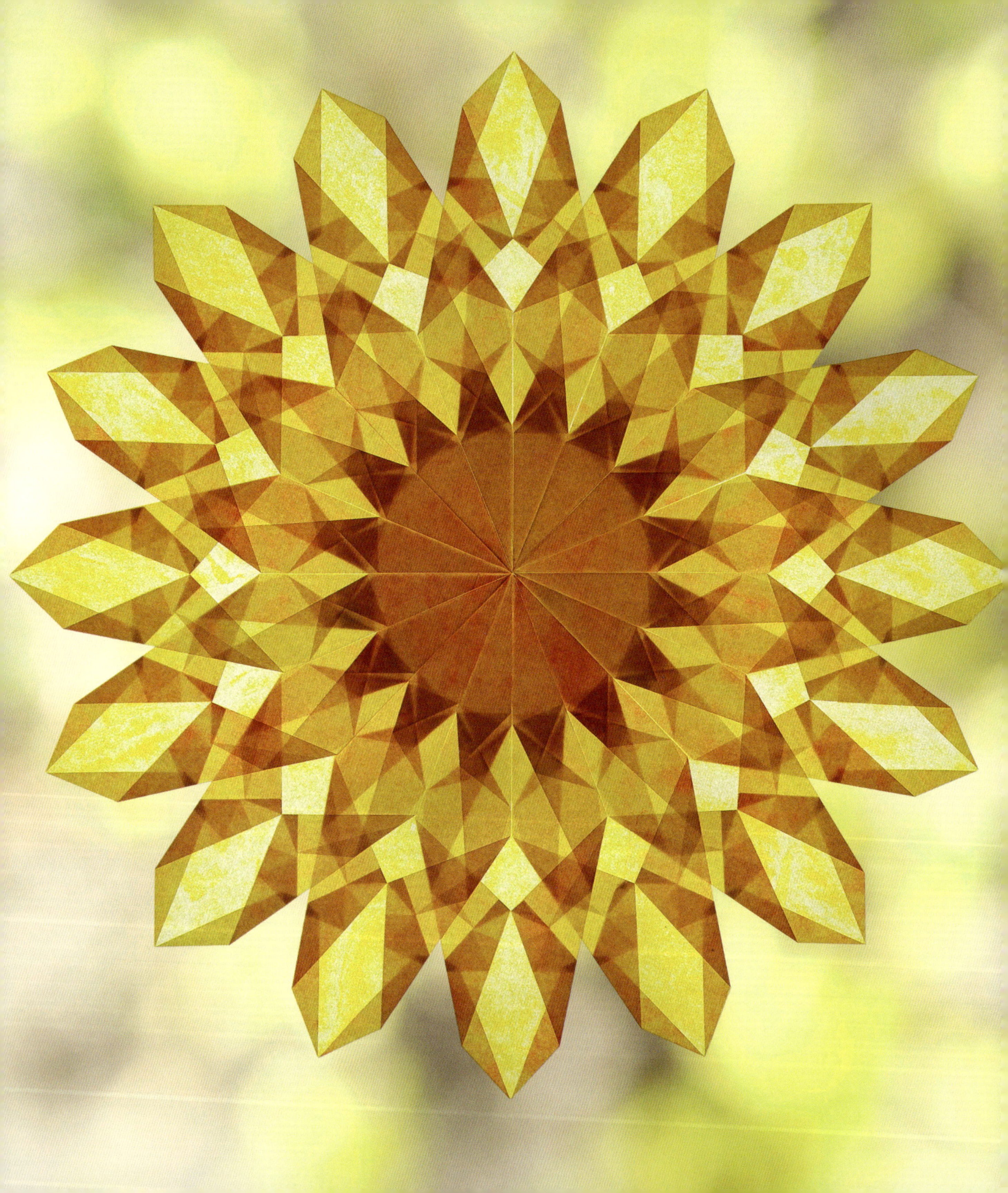

Sonnenglanz **

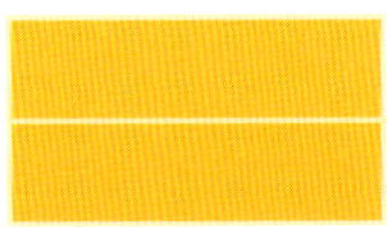

Sechzehnstrahlig
Ø 50 cm, Schnitt 3
Ø 35 cm, Schnitt 2
Ø 25 cm, Schnitt 1

Dieses sonnige Transparent kontrastiert ganz und gar mit dem ersten Stern, «Strahlenkraft». Hier hat sich die Dynamik der Strahlen in eine harmonische und ruhige Strahlung verwandelt.

Um eine Glanzwirkung zu erzielen, passt natürlich ein strohgelbes Seidenpapier hervorragend. Wollen Sie eine leichte Marmorierung bekommen, legen Sie auf ein zitronengelbes Blatt ein anderes Blatt mit dunklerem Gelbton und befeuchten tupfenweise beide (Bild links).
Für die große Sonne (Ø 50 cm) erweist sich eine kräftigere Belebung des Papiers als besonders geeignet und effektvoll.

Nehmen Sie sechzehn rechteckige Schnitte, wie oben angegeben. Bilden Sie für alle die Mittellinie und fahren Sie nach der detaillierten Schritt-für-Schritt-Anleitung fort.
Abb. 1: Vorbereitungsfalten.
Abb. 2 – 3: Nach den Zeichnungen weiterfalten.

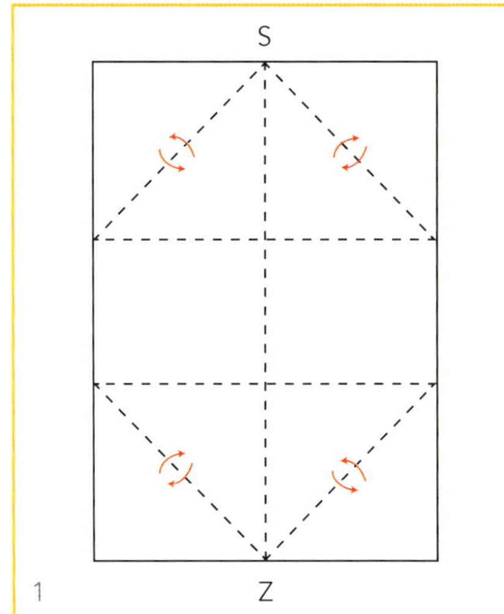

1

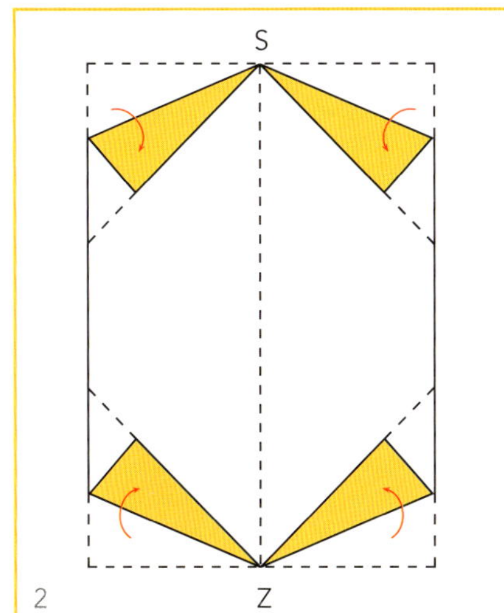

2

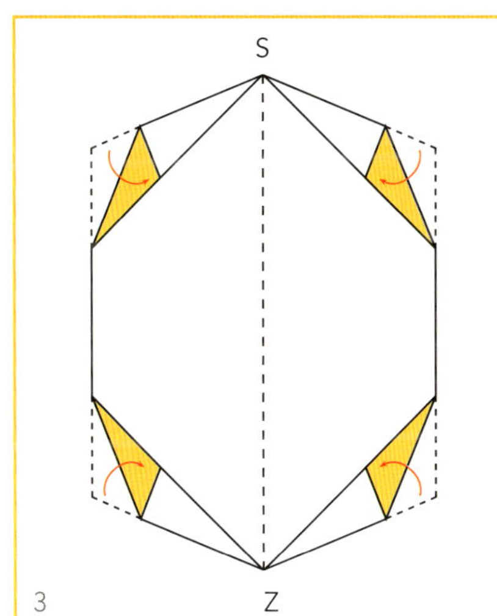

3

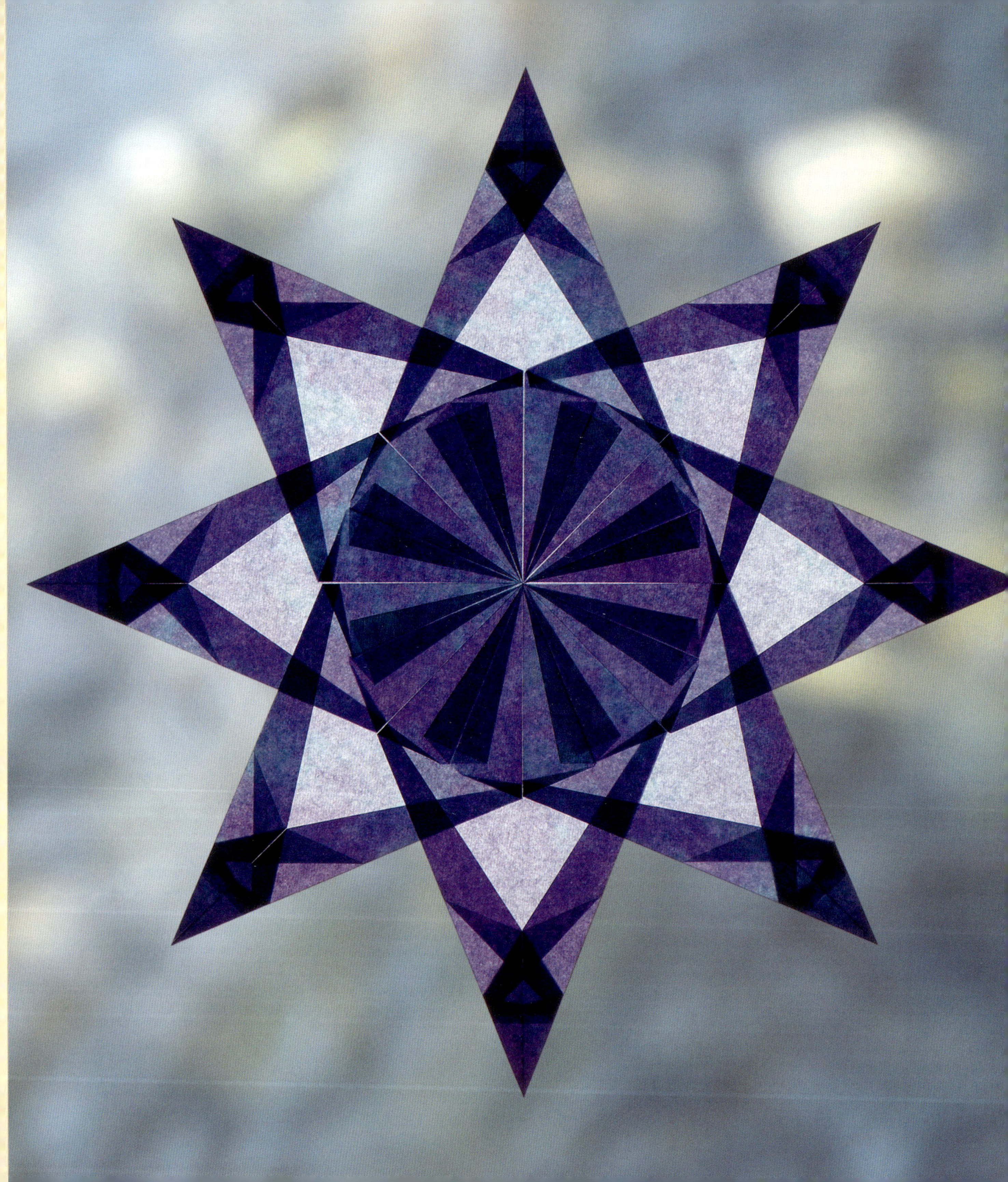

Gehaltene Ruhe *

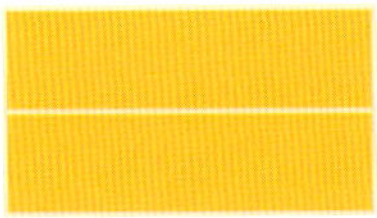

Achtstrahlig
Ø 50 cm, Schnitt 3
Ø 35 cm, Schnitt 2
Ø 25 cm, Schnitt 1

Diese Sternstrahlen bilden ein lebendiges Spiel von Tangenten um den leicht hervorgehobenen Innenkreis herum, der dadurch wie ein in Ruhe gehaltenes Rad aussieht. So entsteht durch diese Polarität zwischen Innen und Außen eine reizvolle Spannung.

Damit die schöne Struktur des Innenkreises besonders deutlich herauskommt, wählen Sie am besten ein helles, farbiges Seidenpapier.
Nehmen Sie acht Schnitte wie oben angegeben und bilden Sie für jeden die Mittellinie.

Abb. 1–2: Vorbereitungsfalten. Öffnen Sie diese ganz, um die eben gebildeten Hilfslinien zu bekommen.

Abb. 3: Legen Sie beide (S)-Ecken auf die zweiten Hilfslinien, wie die Zeichnung es zeigt.

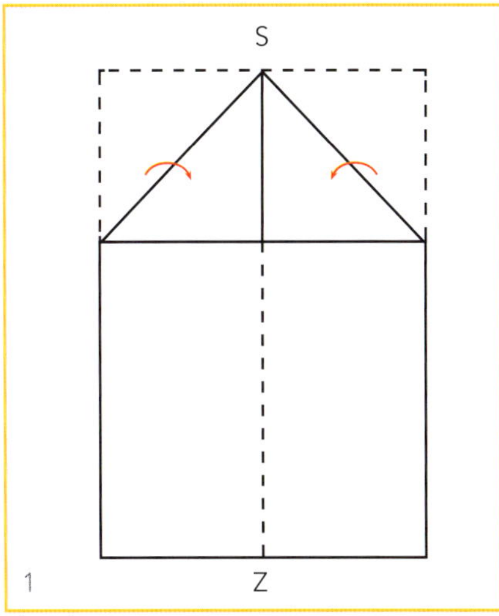

1

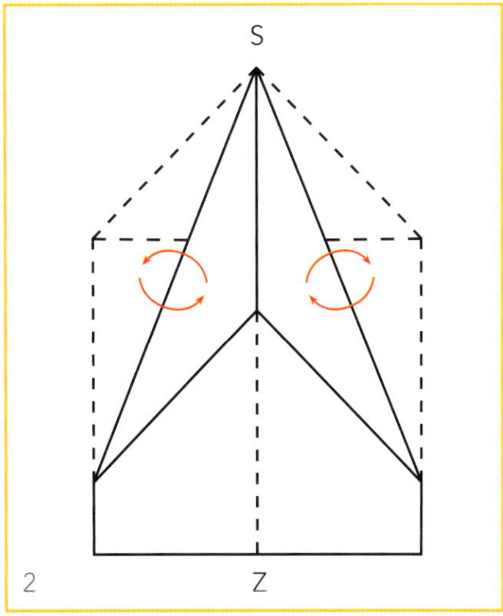

2

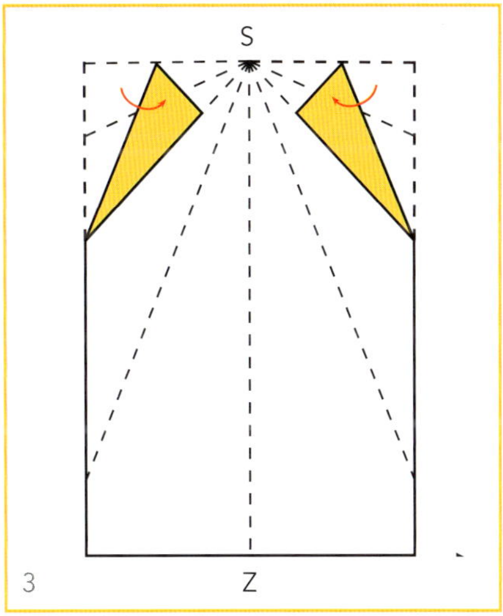

3

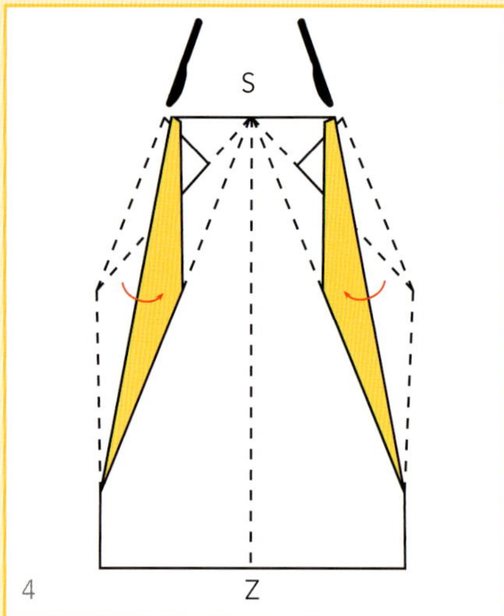

4

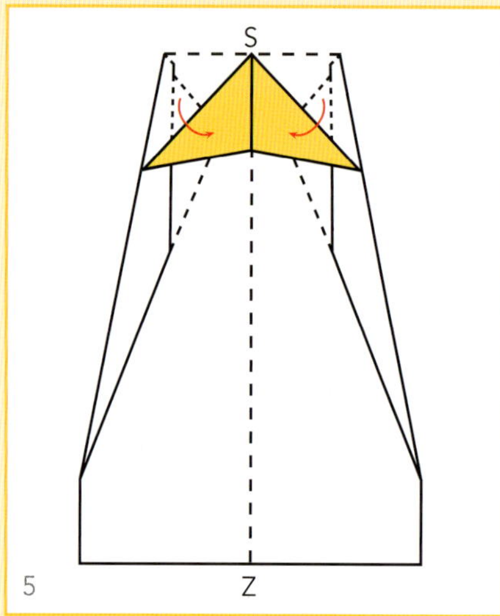

5

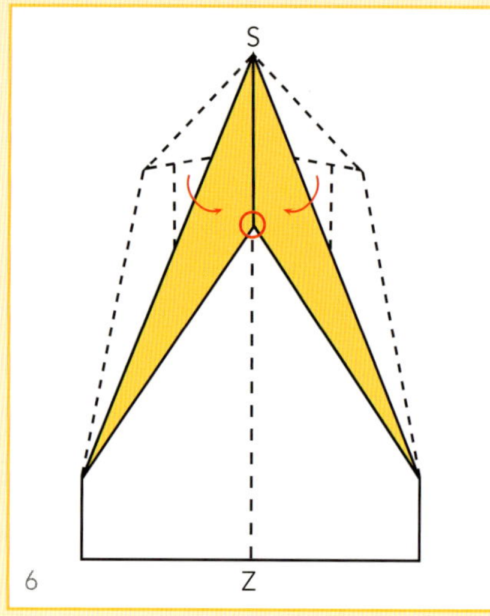

6

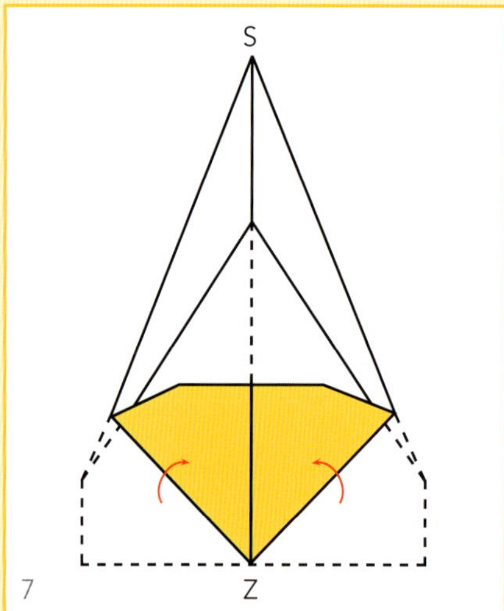

7

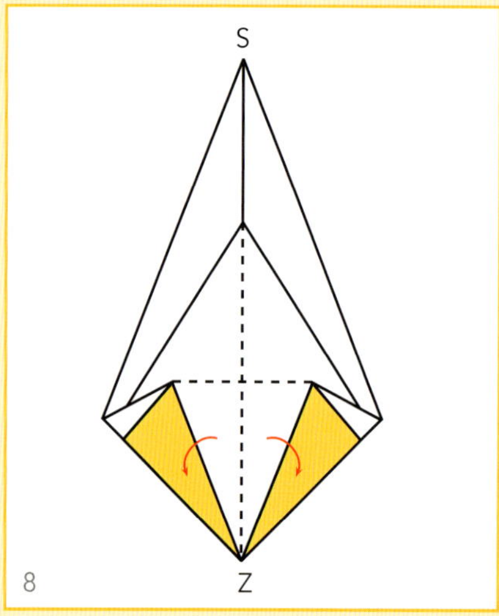

8

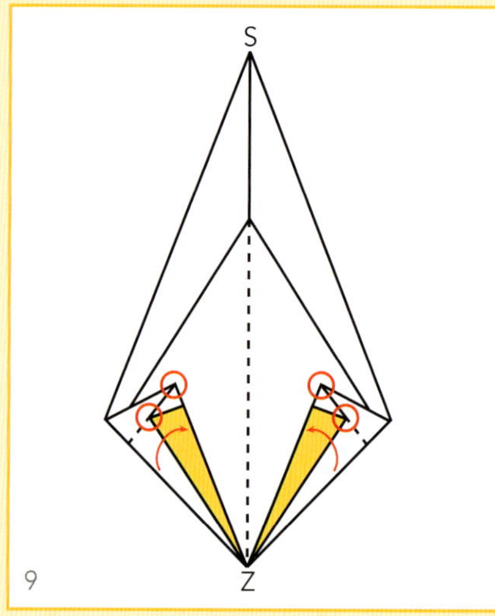

9

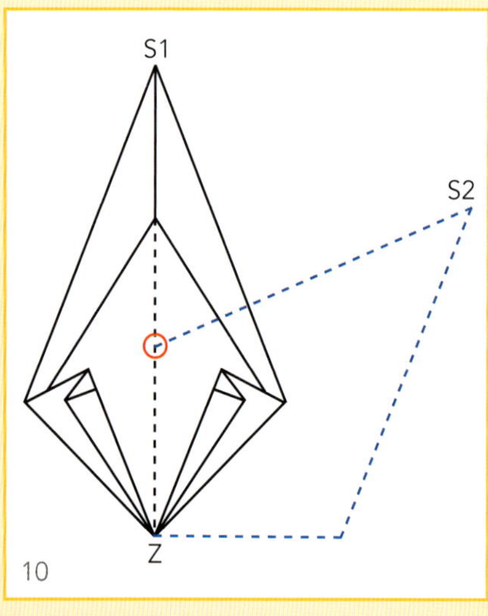

10

Abb. 4: Falten Sie weiter, aber damit die vorherige Falte nicht darunter wegrutscht, helfen Sie sich mit dem Messerrücken.

Abb. 5–6: Nach der Zeichnung den Faltprozess an der (S)-Spitze weiterführen. Erst dann den einzigen Klebepunkt anbringen.

Abb. 7–9: Jetzt folgt die Faltarbeit am (Z)-Zentrum. Bringen Sie zum Schluss die vier Klebepunkte an.

Abb. 10: Das Zusammensetzen ist ganz einfach (siehe Grundanleitung, Seite 22).

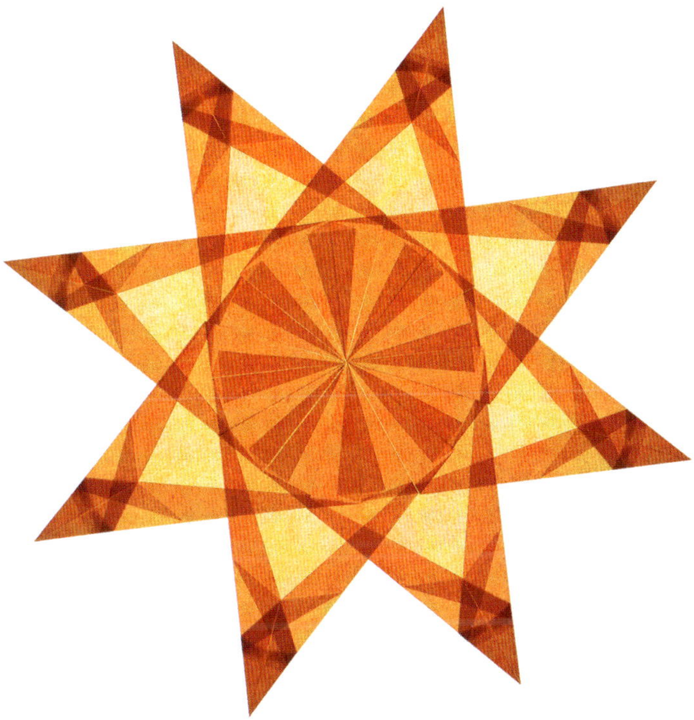

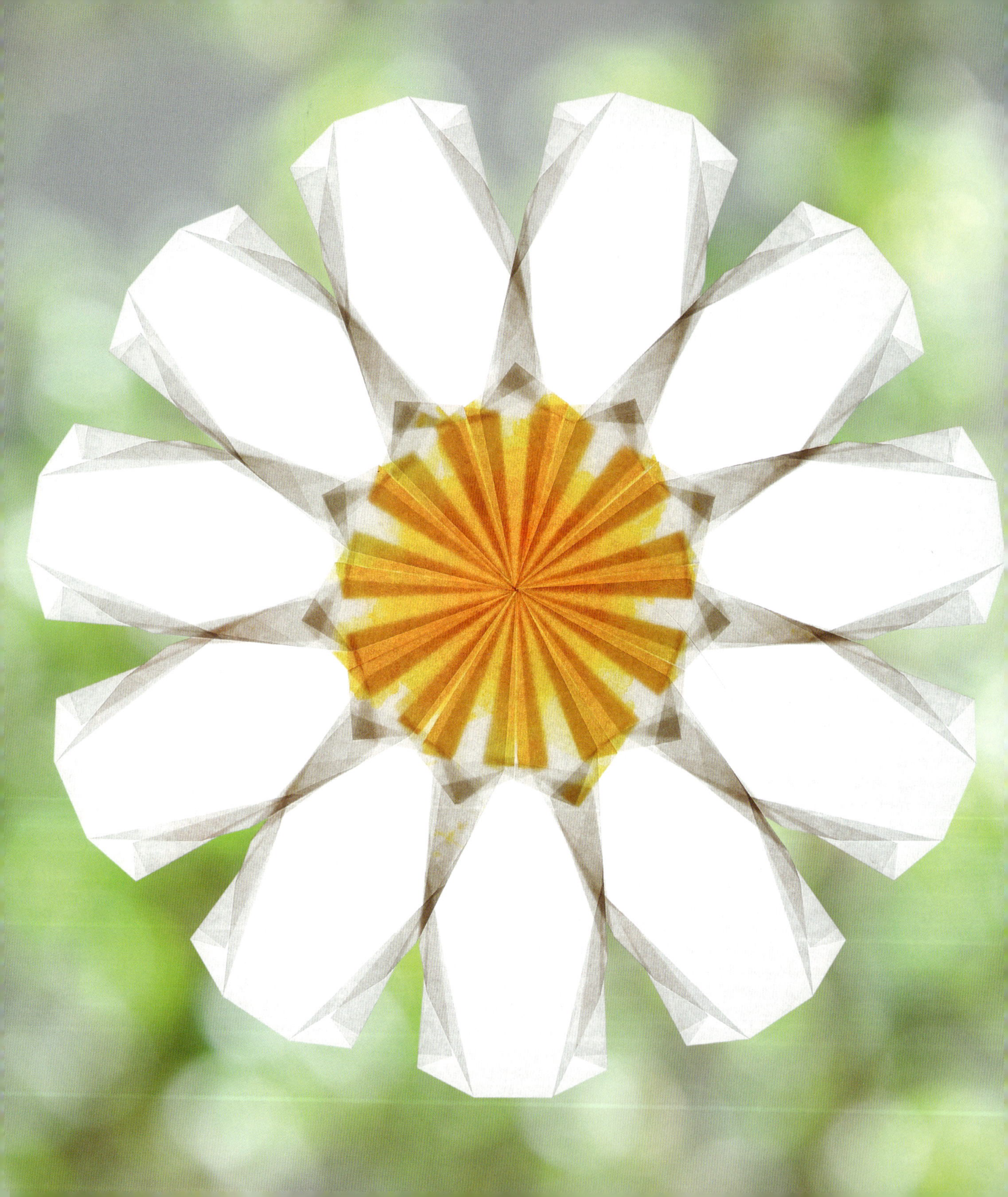

Margerite ****

Elfstrahlig
Ø 35 cm, Schnitt 2
Ø 25 cm, Schnitt 1

Bei diesem blumenartigen Transparent wurde der Faltvorgang vom vorigen Stern «Gehaltene Ruhe» weitergeführt und verwandelt. Die Sternstrahlen erscheinen jetzt als eine leuchtende Margerite. Das schöne Blumenherz können Sie optimal zur Geltung bringen, indem Sie die Zentrumsfalten offen lassen. Damit erhalten Sie einen leicht dreidimensionalen Effekt.

Nehmen Sie für dieses Transparent ein weißes Seidenpapier. Da Sie elf Schnitte der Größe 1 (als Gänseblümchen, siehe obere Zeichnung) benötigen, brauchen Sie zwei Viertel Großblatt. Für die elf Schnitte der Größe 2 (als große Margerite, siehe untere Zeichnung) brauchen Sie zwei halbe Großblatt. Falten Sie vor dem Zuschnitt die jeweiligen Schnitte und färben Sie der Skizze nach mit Aquarell oder flüssiger Wasserfarbe (Ecoline) die nicht glasierte Papierseite. Die beiliegenden Schnittvorlagen zeigen Ihnen die Spurbreite der Stellen, an denen Sie mit dem Schwämmchen das weiße Papier tupfenweise färben können. Farbangaben für das Gänseblümchen (Schnitt 1): dunkelgelb (Ecoline 202), für die Spitzen der Blumenblätter: pastell rosa (Ecoline 390). Für die Margerite (Schnitt 2): Aquarell gelb (Ecoline 259) und ein oranger Hauch dazu (Ecoline 236).

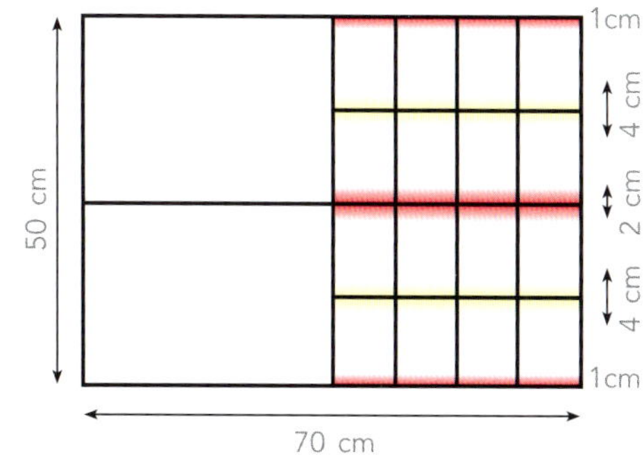

Schnitt 1: Gänseblümchen (Foto S. 43)

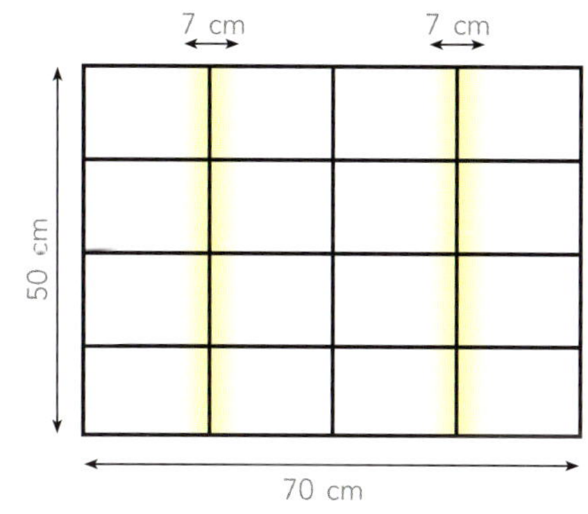

Schnitt 2: Margerite (Foto S. 38)

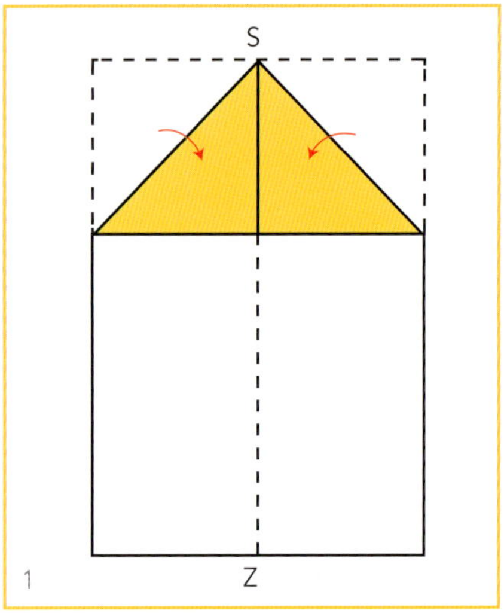

1

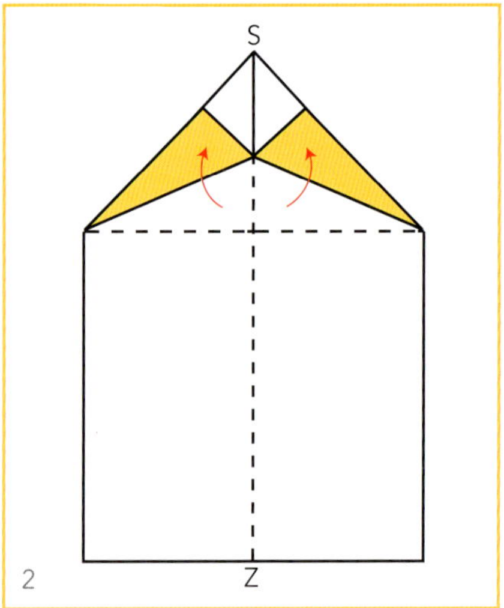

2

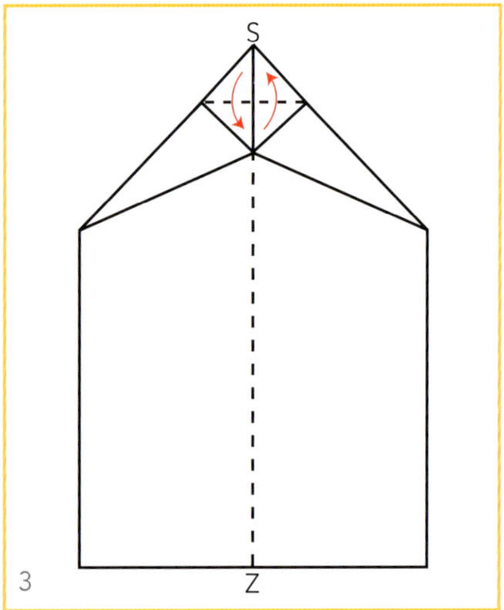

3

Trocknen Sie Ihre Blätter mit dem Föhn immer flach auf dem Steinboden, somit vermeiden Sie unerwünschte Flecken auf den rein weißen Papierteilen. Bügeln Sie dann sorgfältig die Blätter, um willkürliche Falten zu vermeiden. Anschließend erst mit dem Messer teilen und die elf am besten gefärbten Schnitte für den Aufbau verwenden.

Abb. 1: Beginnen Sie mit der Basisfalte von «Gehaltene Ruhe» (Zeichnung 1, Seite 35).
Abb. 2: Öffnen Sie nach der Zeichnung die zwei Winkel.
Abb. 3: Vorbereitungsfalte. Dabei wird die Spitze (S) auf den Treffpunkt der inneren Ecken gelegt und wieder geöffnet. Sie bekommen eine kleine Hilfslinie.
Abb. 4: Verlegen Sie jetzt diese inneren Ecken der Seitenflügel auf den neuen Kreuzpunkt der Hilfslinie (siehe Pfeile).
Abb. 5: Falten Sie nach der Zeichnung.
Abb. 6: Vorbereitungsfalten für die Seiten.
Abb. 7: Die Schrägseiten werden auf die Hilfslinien gelegt. Helfen Sie sich dabei mit dem Messerrücken.
Abb. 8: Öffnen Sie die Spitze (S), indem Sie beide Flügel sehr vorsichtig nach außen ziehen und deren oberen Ecken so glatt wie möglich an der Horizontale (S) flach legen. Es ergibt sich eine kleine Überlappung an den unteren Seitenecken. Dann mit dem Faltvorgang am Zentrum (Z) beginnen.
Abb. 9–10: Falten Sie nach den Zeichnungen.
Abb. 11: Legen Sie jetzt beide Faltungen am Zentrum (Z) so, dass deren Innenseiten auf die Mittellinie gelegt werden. Den ersten Klebepunkt anbringen, ohne die freien Falten mitzukleben.

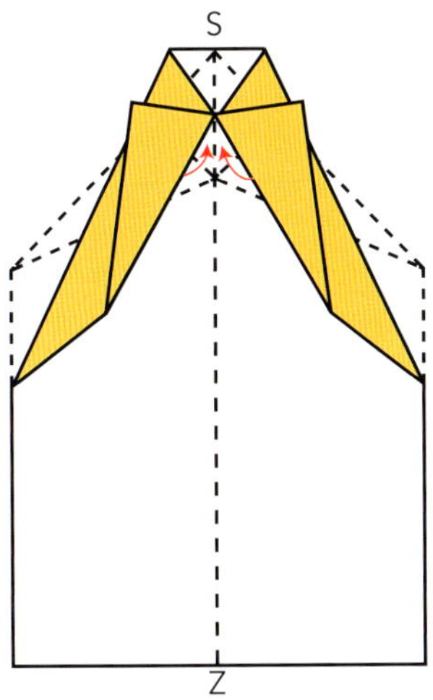

4

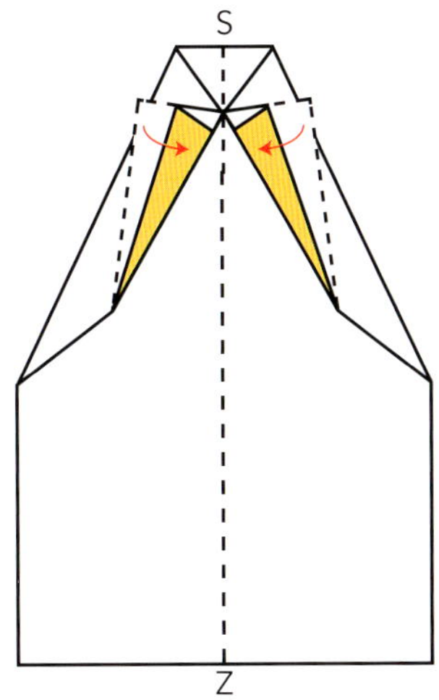

5

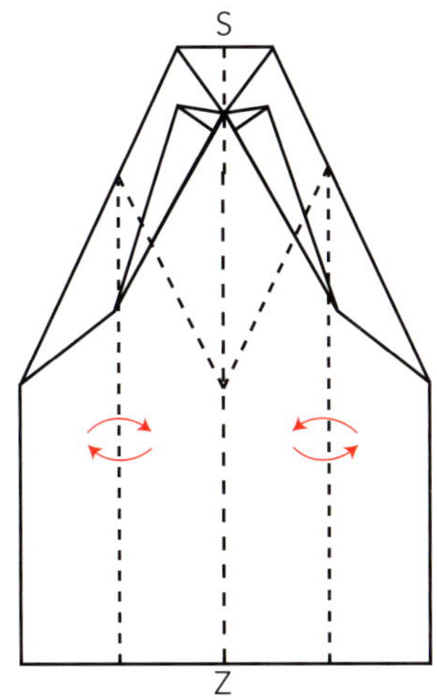

6

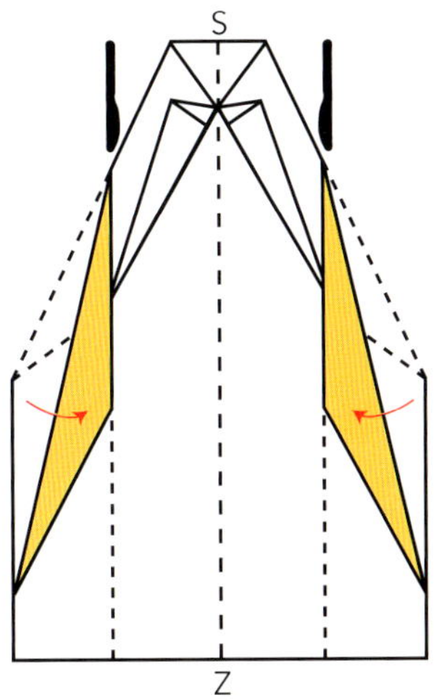

7

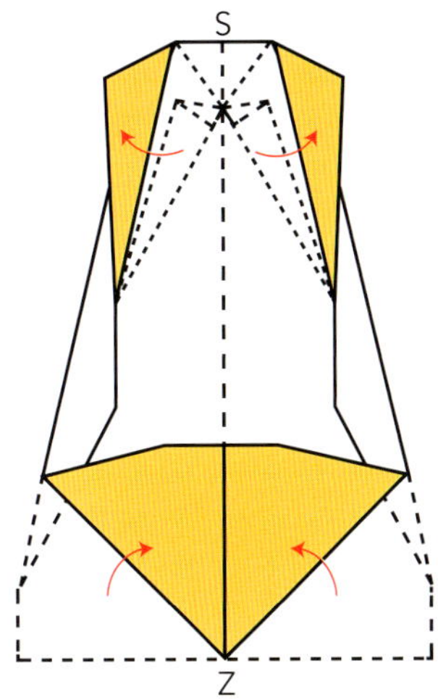

8

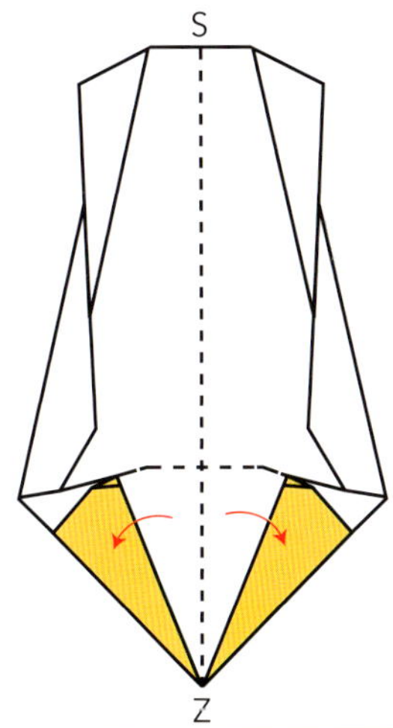

9

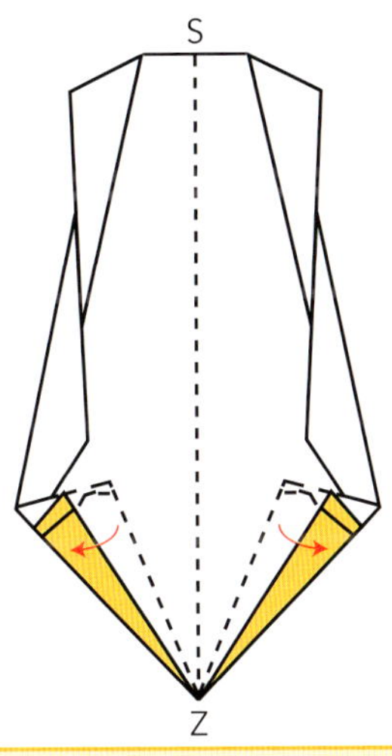

10

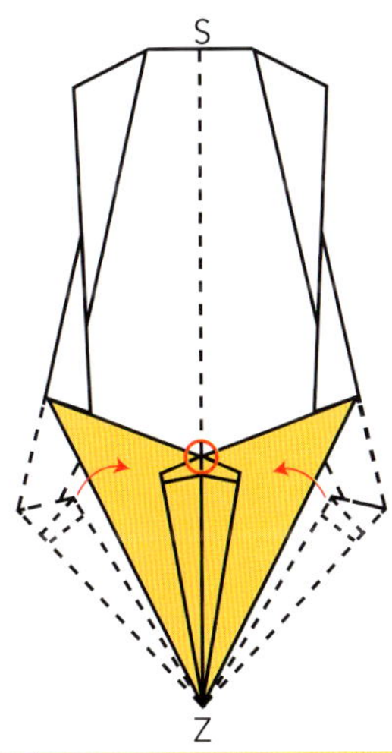

11

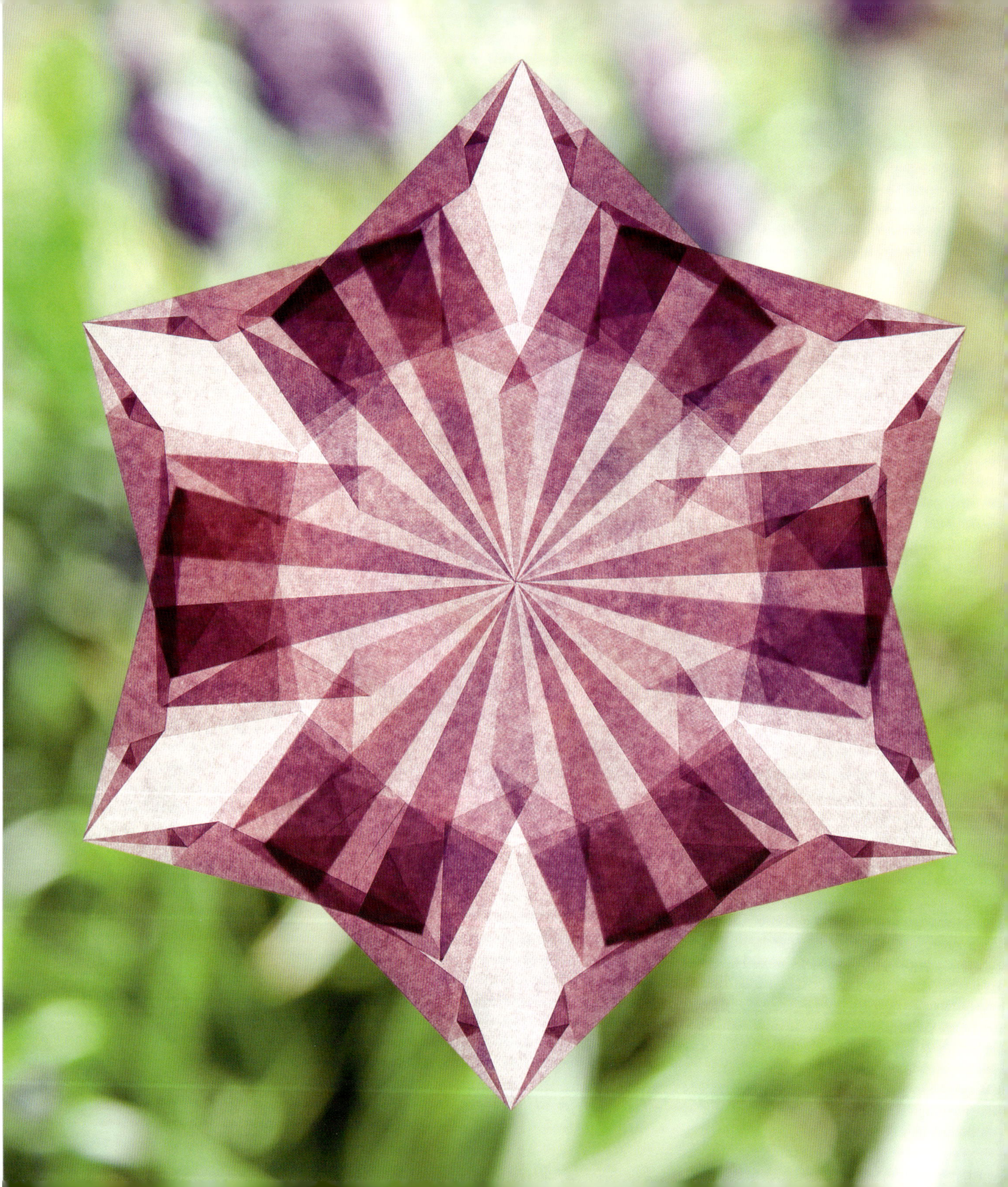

Kristallklang **

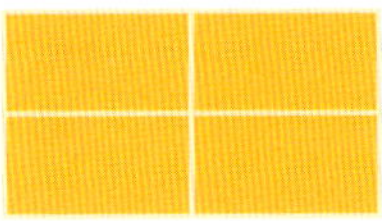

Sechsstrahlig
Ø 34,5 cm, Schnitt 3
Ø 24,5 cm, Schnitt 2
Ø 17,5 cm, Schnitt 1

Durch seine starre und fein ziselierte Struktur weckt dieser außergewöhnliche Sechsstern im Betrachter eine musikalische Winterstimmung. Ein entfernter Zauberklang ertönt mit dieser klirrenden Kristallkälte. Doch ahnend und noch verborgen schimmert in der Mitte schon eine zarte Blütenform ...

Das Ornament dieses Kristalls können Sie mit einem Seidenpapier von einem einfachen, hell-kalten Farbton hervorzaubern. Sie können aber auch mit den Farbnuancen selber experimentieren, in dem Sie ein weißes Papierblatt auf ein hellblaues legen oder etwa ein gleiches hellblaues auf ein zartrosa Blatt auflegen und kräftig, aber nicht regelmäßig die doppelte Seidenpapierschicht durchnässen … (siehe Angaben Seite 14). Eine interessante Färbung kann dabei entstehen und dadurch die mysteriöse Anziehungskraft Ihres Transparents steigern.

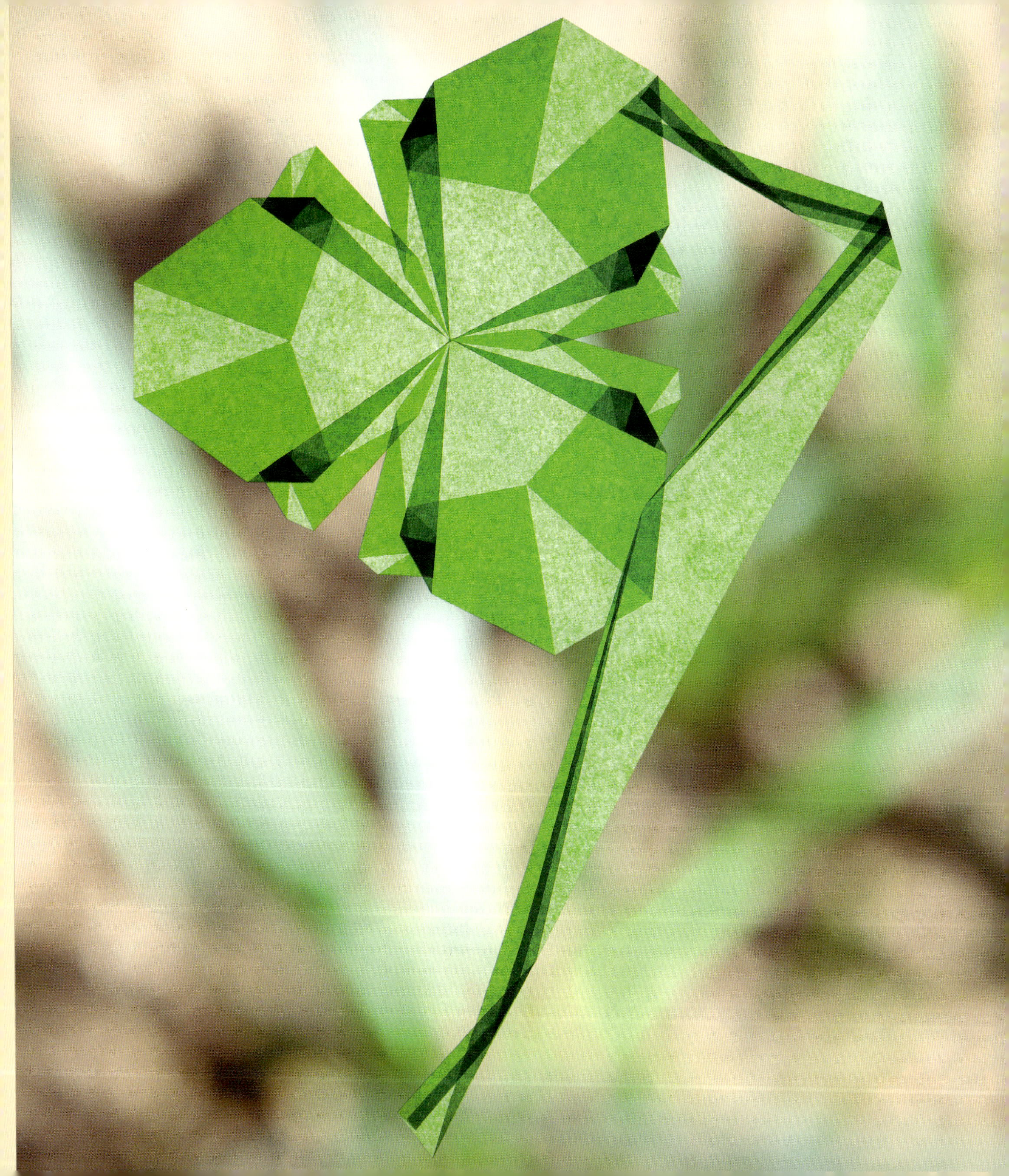

Kleeblatt ***

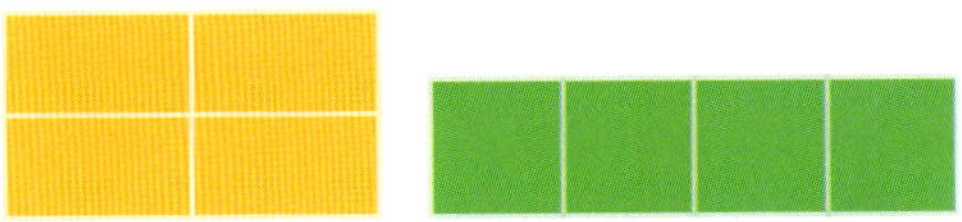

44 cm Höhe,
Schnitt 2 und
Schnitt 8

Dieses Kleeblattmotiv wird eine erfrischende und belebende Wirkung an Ihrem Fenster erzielen. Mit seinem Frühlingsgrün kann uns das originelle Faltkunststück in die wohltuende Naturstimmung einer Wiesenlandschaft versetzen.

Die drei Blätter werden durch eine etwas vereinfachte Umwandlung vom Transparent «Kristallklang» gewonnen. Sie können ein naturbelassenes, hellgrünes Seidenpapier verwenden. Sehr schön ist es auch, wenn Sie stattdessen ein saftig-grünes Blatt nehmen, das Sie kräftig durchnässen, indem Sie den nassen Schwamm darüber auspressen (siehe Angaben Seite 14).

Das Falten der drei Kleeblätter
Zunächst beginnen Sie damit, die zwei Mittellinien vom Schnitt 2 und wie bei Zeichnung 1 von «Kristallklang» (Seite 46) zu bilden. Den dortigen Klebepunkt nicht vergessen!

Abb. 1: Dann hier weiter nach der Zeichnung falten.
Abb. 2–3: Vorbereitungsfalten.

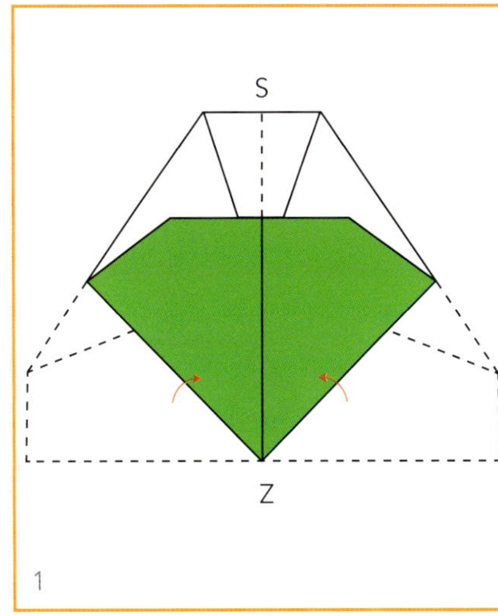

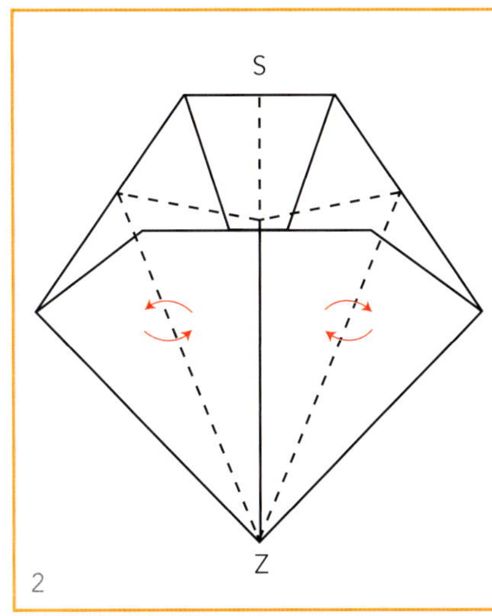

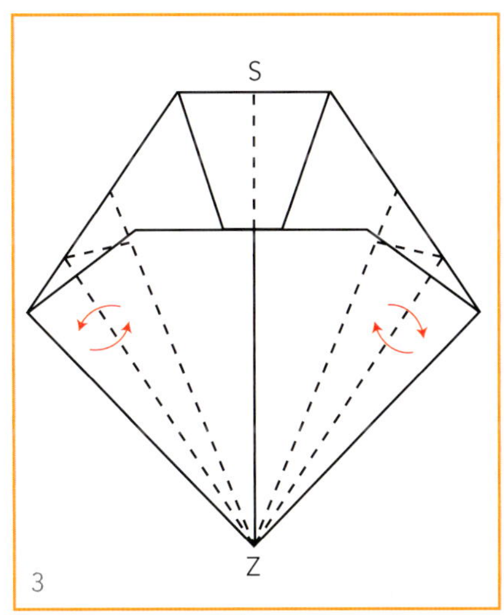

Abb. 11: Die rechte Seite so weit nach oben legen, bis ihre untere Kante eine Verlängerungsgerade mit dem restlichen Schnittband bildet. Kleben. Falls am äußersten Schnittende ein winziges Eckchen herausragt (diese Stelle ist mit einem Pfeil auf der Skizze angezeigt), schneiden Sie es mit der Schere ab.

Wiederholen Sie dann für die linke Bandseite den gleichen Faltprozess von Schritt 7 bis zu Schritt 11.

Abb. 12 (nur für die rechte Seite): Zum Schluss heben Sie den rechten Teil auf die senkrechte Linie und befestigen ihn mit einem Klebstoffstrich. Der Stängel ist fertig.

Das Zusammensetzen

Abb. 13: Kleben Sie die drei Blätter aneinander, indem Sie sich auf die rechte Hilfslinie stützen (siehe die blau punktierte Linie bei Schritt 6). Wenn Sie vor dem Zuschnitt das Seidenpapier nass bearbeitet haben, wird sich ein winziger Abstand von ca. 2 mm (siehe Pfeil) zwischen Blattkante und Stützlinie ergeben. Legen Sie währenddessen Ihre Hand auf die Blätter, damit sie so flach wie möglich bleiben. Am Zentrum verwenden Sie nicht zu viel Klebstoff. Dann den Stängel so ansetzen, dass seine rechte Seite sich einerseits auf die rechte schräge Oberkante eines Blattes stützen muss. Anderseits stützt sich sein Mittelteil hinter dem nächsten Blatt, so wie die Zeichnung es deutlich zeigt.

Nun winkt am Fenster das Kleeblatt wie ein «grüner Gruß»!

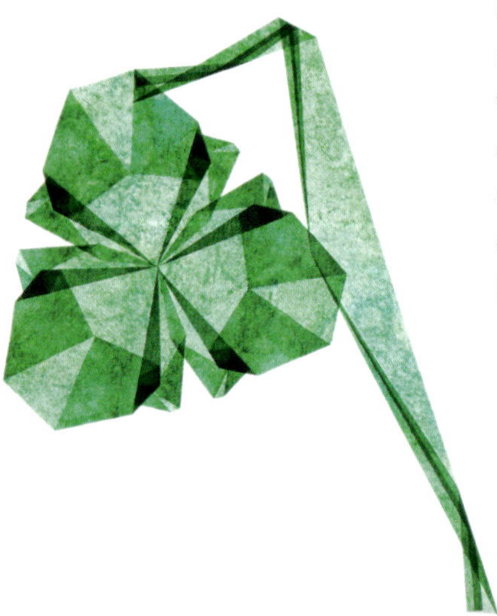

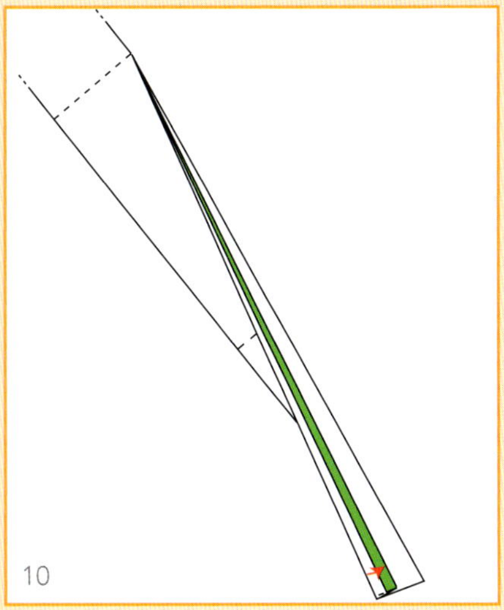
10

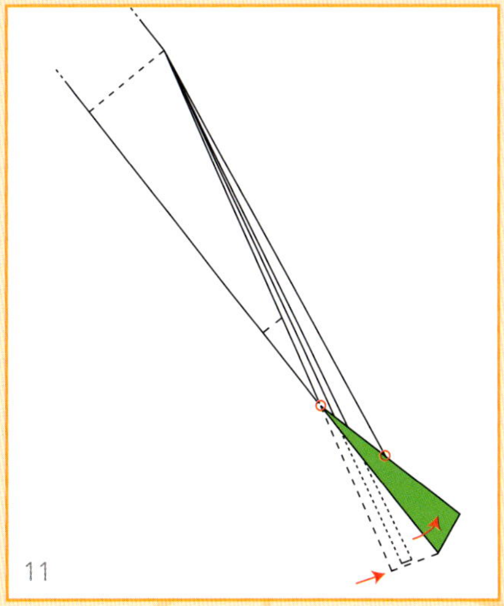
11

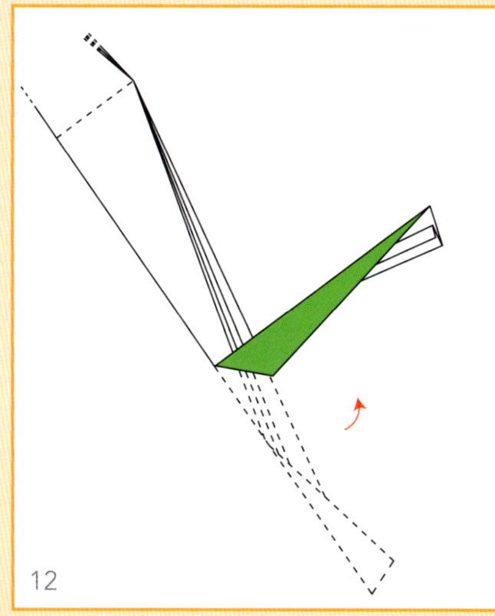
12

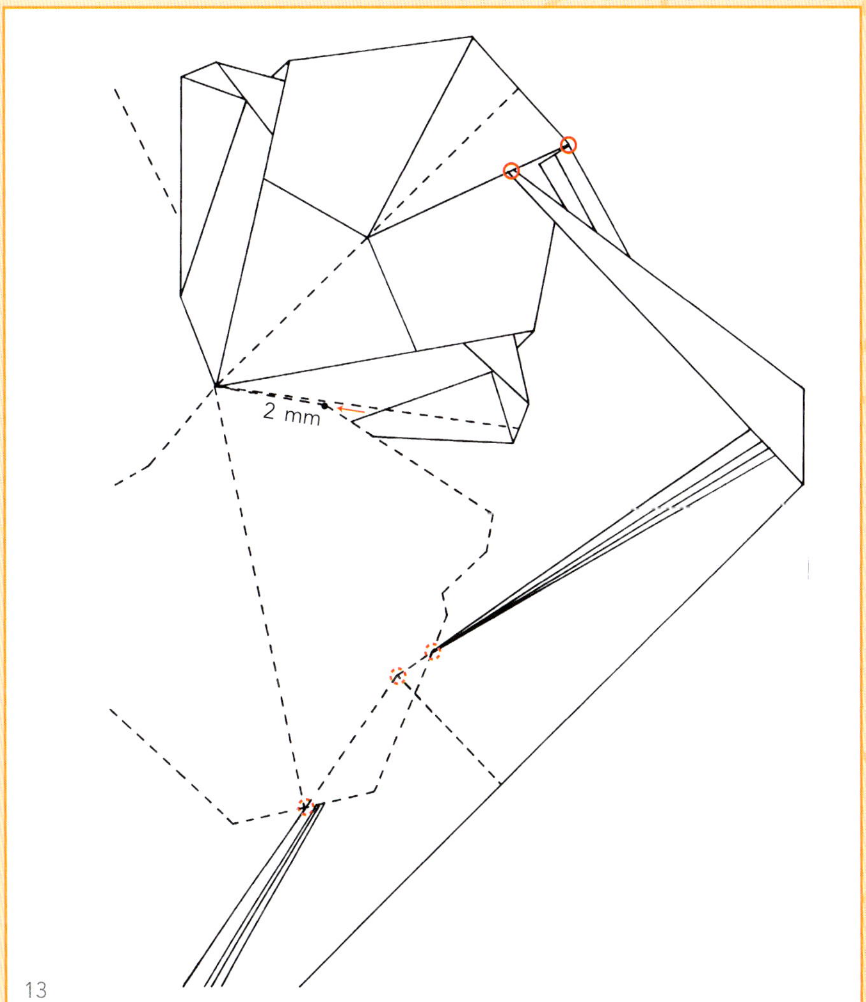
2 mm
13

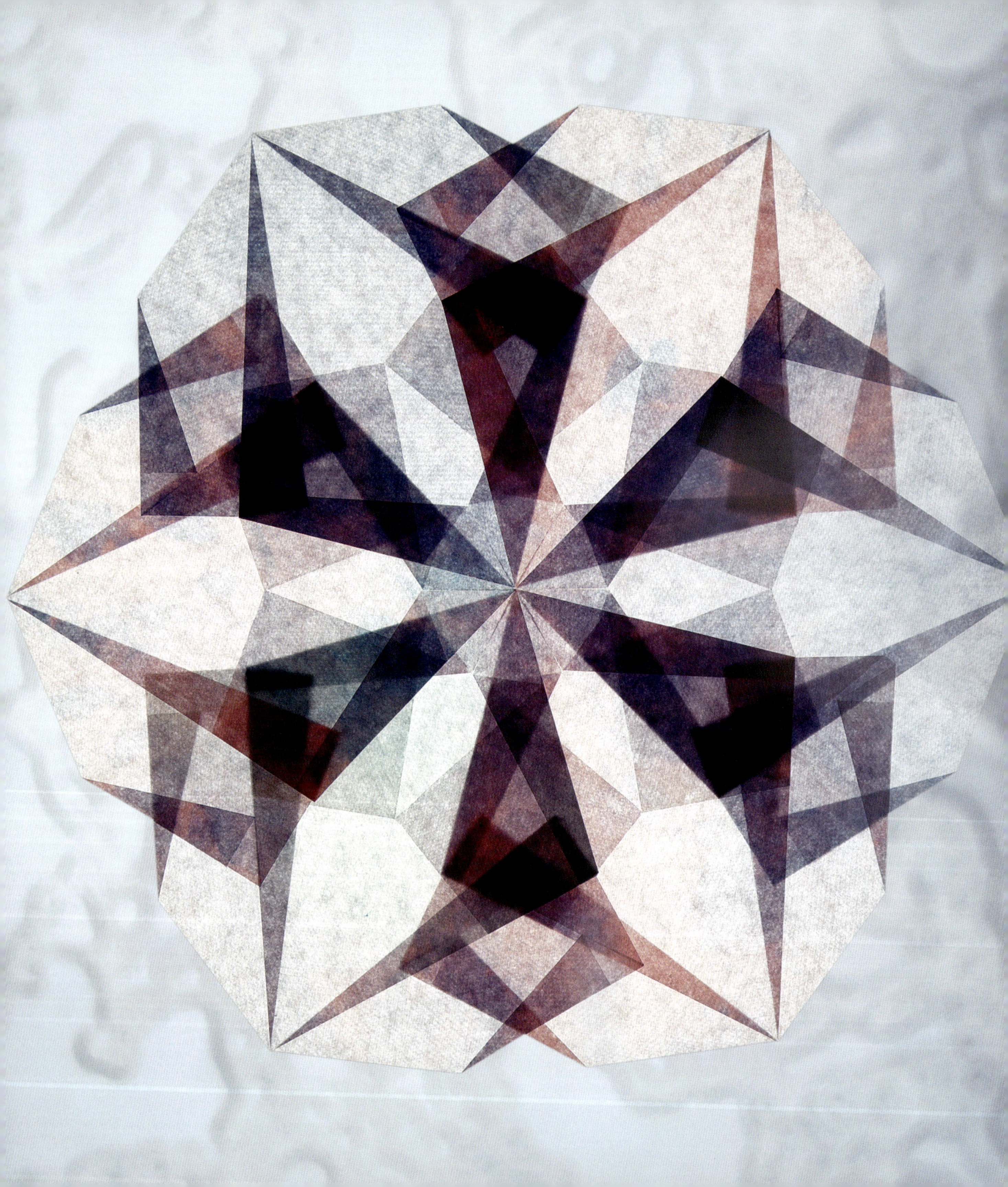

Frostwerk **

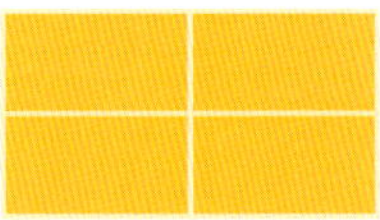

Sechsstrahlig
Ø 31,5 cm, Schnitt 3
Ø 24,5 cm, Schnitt 2
Ø 17,5 cm, Schnitt 1

Der Nachtfrost hatte die Fensterscheibe mit unzähligen Eisfiguren verziert. Am deutlichsten blieb noch dieser Schneekristall, dessen kräftige, nach innen hin verlaufende Zacken in seiner Mitte einen zarten Stern wie gefangen hält.

Dieser Kristall ist im Aufbau eine interessante Variante zu den zwei vorherigen Transparenten. Die ungefalteten Spitzen geben Ihnen die Möglichkeit – falls gewünscht – eine sehr schöne Marmorierung im Hintergrund entstehen zu lassen. Dafür müssen Sie das Seidenpapier vor dem Zuschneiden kräftig entfärben. Oder Sie zaubern ein feines Farbenspiel hervor, indem Sie ein zartblaues Blatt zwischen zwei rosa Blätter legen und das Ganze mit dem Schwamm ungleichmäßig durchnässen (siehe die Angaben auf Seite 14).
Nehmen Sie sechs rechteckige Schnitte der Größe 1, 2 oder 3.
Bilden Sie beide Mittellinien und beginnen Sie wie bei den Zeichnungen 1 und 2 von «Kristallklang» (Seite 46).
Achten Sie aber darauf, dass hier die Spitze (S) mit dem Zentrum (Z) vertauscht wird.

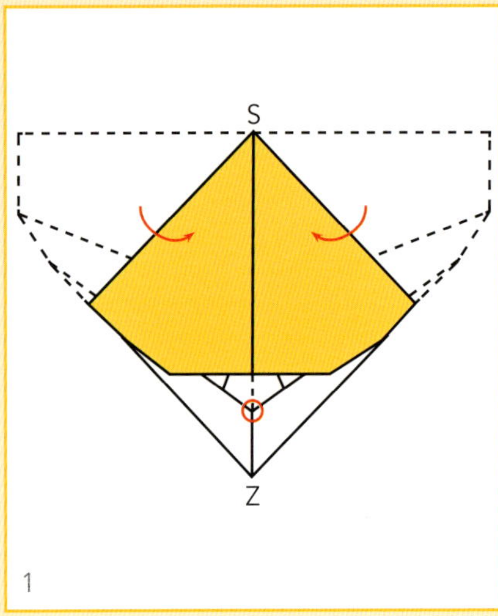

1

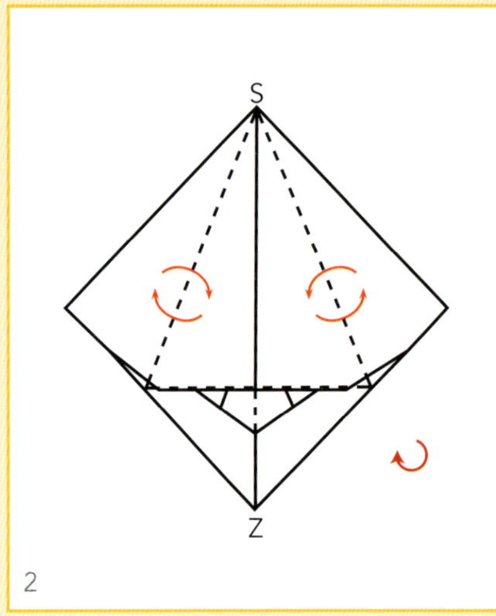

2

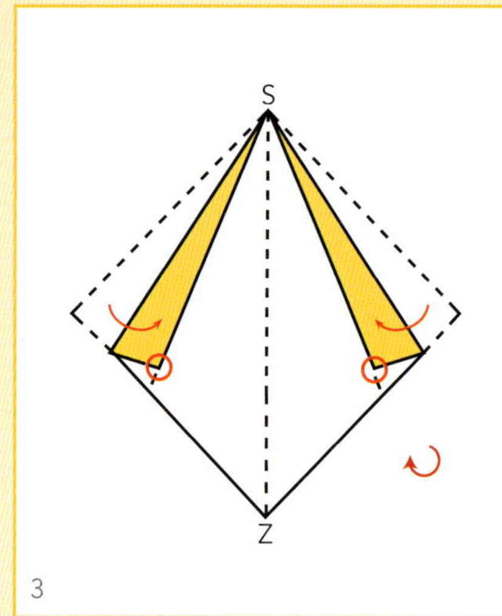

3

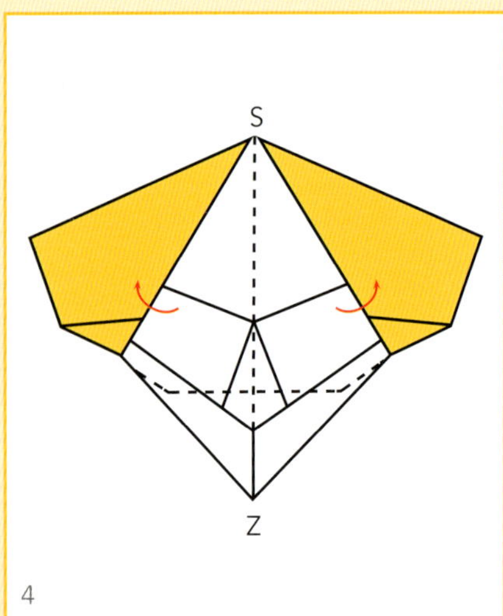

4

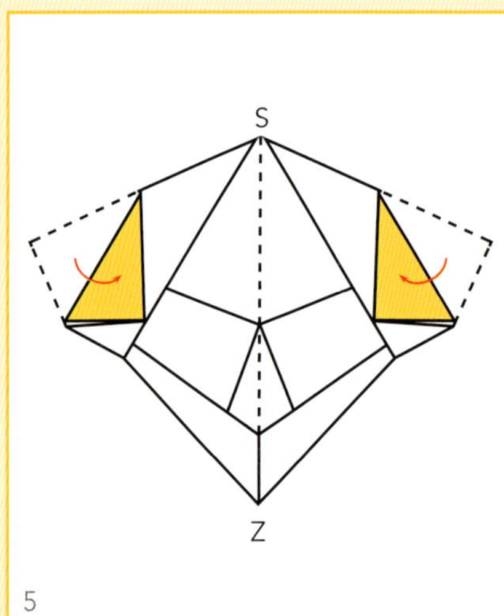

5

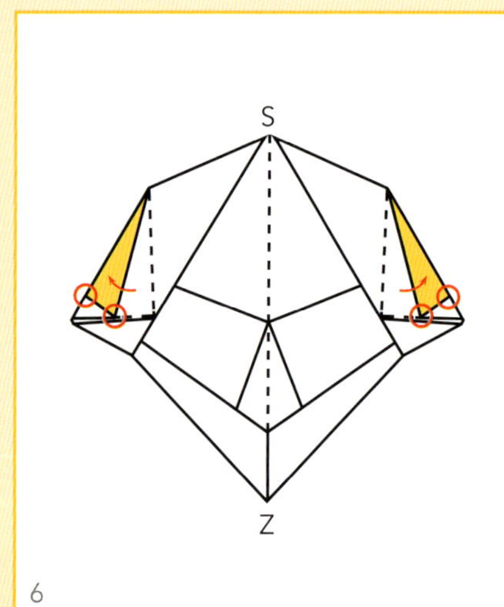

6

Abb. 1: Falten Sie weiter nach der Zeichnung. Das Zentrum kleben.

Abb. 2: Vorbereitungsfalten. *Drehen Sie dann den Schnitt um.*

Abb. 3: Die Seitenflügel der Rückseite auf die Hilfslinien legen und kleben. *Dann drehen Sie den Schnitt wieder auf die Vorderseite.*

Abb. 4: Öffnen Sie die Spitze (S).

Abb. 5: Falten Sie die Seitenecken.

Abb. 6: Nach der Zeichnung zurückfalten. Die vier Klebepunkte anbringen.

Das Zusammensetzen erfolgt mit dem sechsstrahligen Diagramm (siehe Grundanleitung, Seite 24).

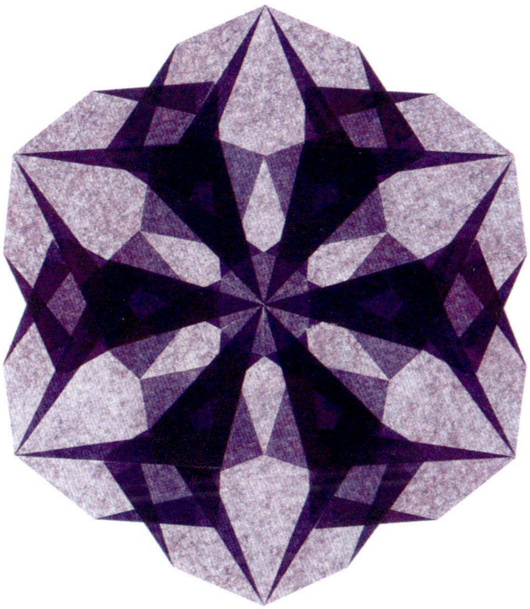

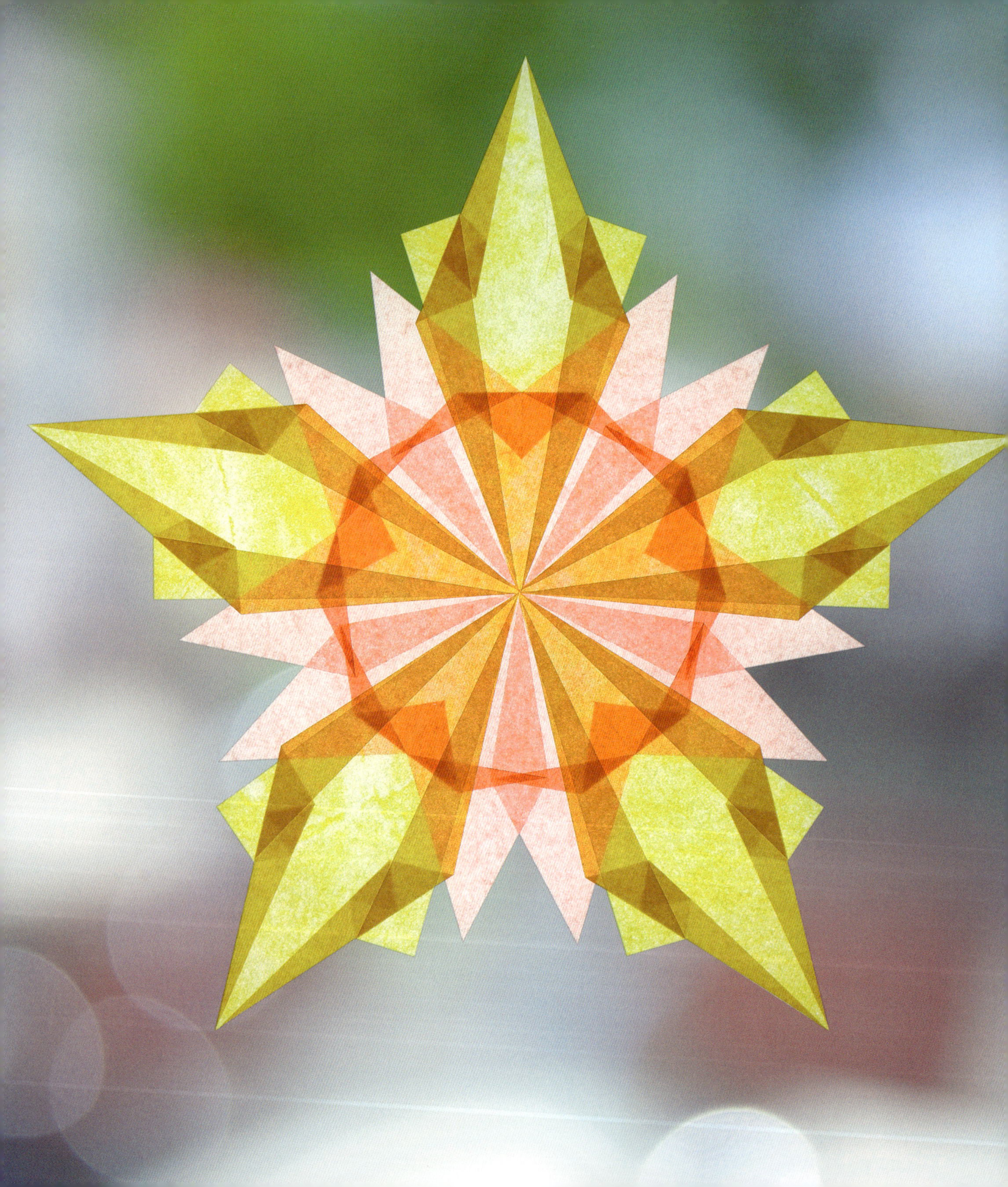

Morgenstern **

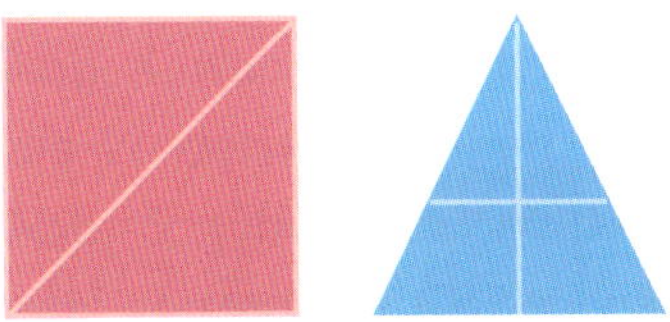

Fünfstrahlig
Ø 48 cm, Schnitt 11
Ø 35 cm, Schnitt 9
Ø 25 cm, Schnitt 12
Ø 17 cm, Schnitt 10

Wie sich der erste Schönheitsglanz am Morgenhimmel über den Horizont erhebt, so zeigt sich dieser anmutige Stern in seiner schimmernden Ausstrahlung.

Trotz der vielen Spitzen ist der Aufbauprozess dieses Sterns nicht kompliziert zu verfolgen. Erst wird ein Sockelgebilde aus fünf Schnitten zusammengesetzt, dann kommen die fünf größeren Strahlen hinzu. Damit können Sie einen Stern mit zwei verschiedenen Farben hervorzaubern. Am besten wählen Sie dafür zwei helle Farbtöne, die miteinander harmonieren. Sie können aber auch einen einfarbigen Stern herstellen, beispielsweise mit einem karminroten Seidenpapier, das vor dem Zuschnitt kräftig durchnässt wurde. Einen anderen schönen Farbklang (lila-blau) können Sie durch Befeuchtung zweier aufeinandergelegter Blätter aus rosa und malvenblauem Seidenpapier gewinnen (siehe Angaben, Seite 14).
Für die größeren Strahlen nehmen Sie fünf quadratische Schnitte, wie oben angegeben. Für den Sockel reichen drei quadratische Schnitte der gleichen Größennummer, die Sie halbieren, um Dreiecke zu bekommen (siehe Anleitung, Seite 19).

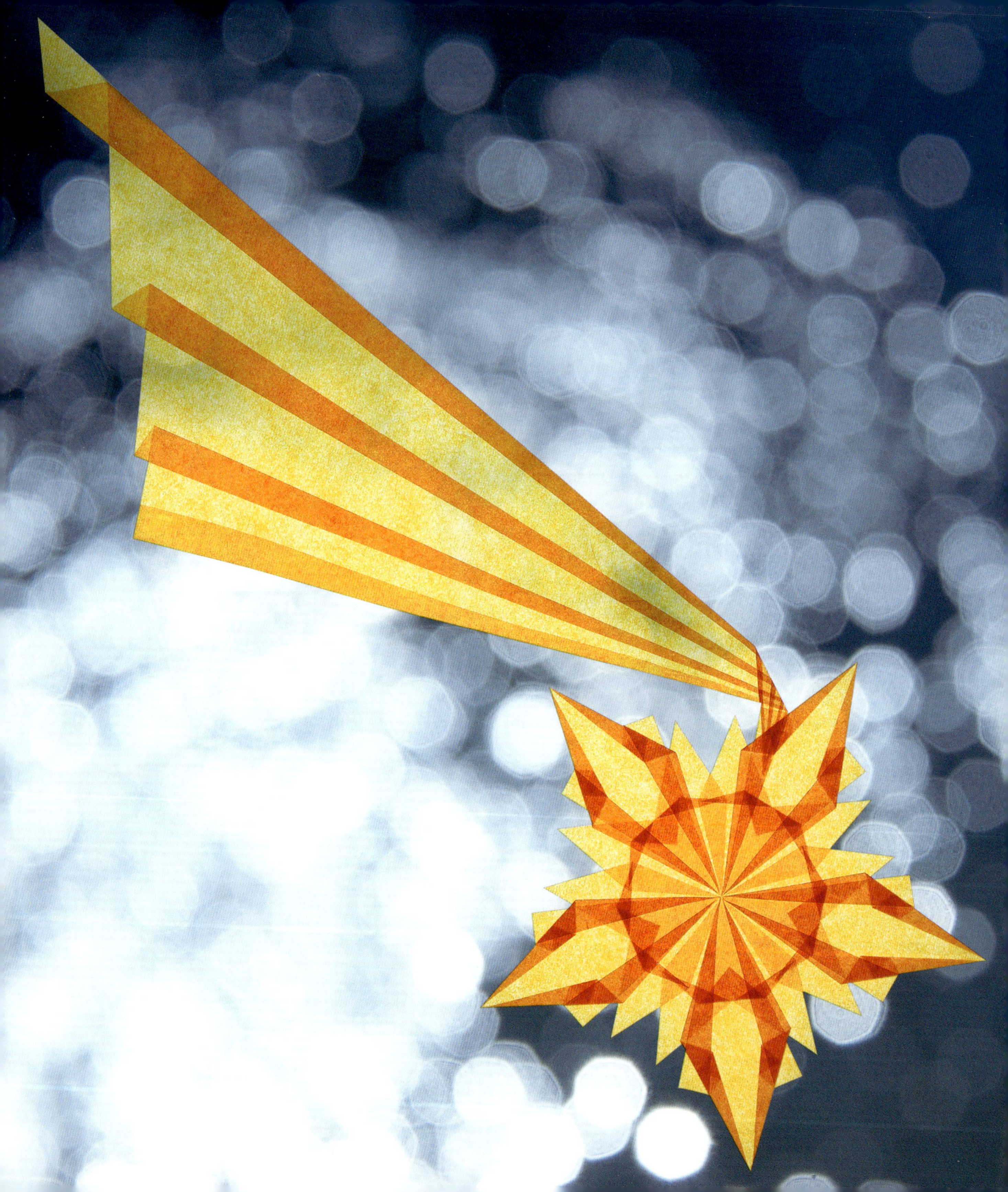

Dreikönigsstern ***

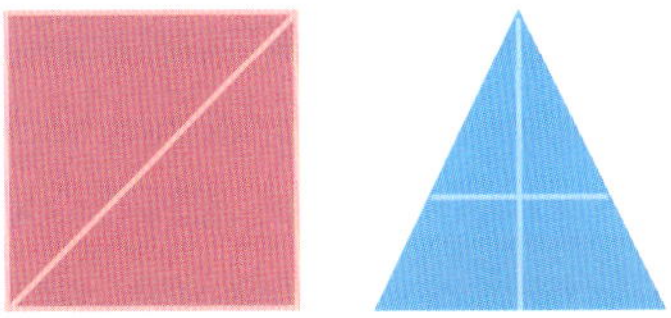

Fünfstrahlig
Stern Ø 25 cm, Schnitt 12
Schweiflänge 46 cm, Schnitt 14
Stern Ø 17 cm, Schnitt 10
Schweiflänge 34 cm, Schnitt 13

Ein Komet zieht mit seinen leuchtenden Lichtstreifen durch die dunkle Nacht und weist den Weg.

Genau das gleiche Transparent wie das vorige wird hier in Gelb-Orange verwendet und mit einem großen gefalteten dreieckigen Schnitt verbunden, der den Schweif des Kometen bildet. Allerdings sind im Vergleich zum vorigen Stern nur zwei Größen (Schnitt 12 oder 10) geeignet.

Nehmen Sie für den Schweif einen quadratischen Schnitt, wie oben angegeben, und halbieren Sie ihn, um daraus ein Dreieck zu gewinnen (siehe Anleitung, Seite 19).
Folgen Sie den detaillierten Zeichnungen und helfen Sie sich stets mit der Messerklinge, um die spitz verlaufenden Falten bilden zu können.

Abb. 1 – 3: Beginnen Sie mit den drei folgenden Vorbereitungsfalten. Öffnen Sie dann alle Falten wieder. Der Schnitt zeigt jetzt sieben Hilfslinien.

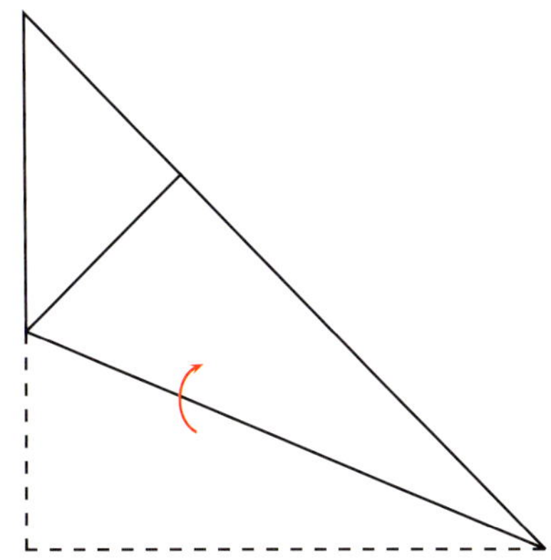

1

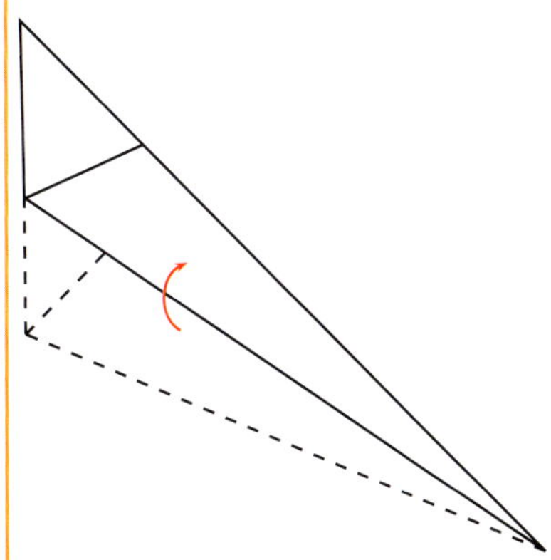

2

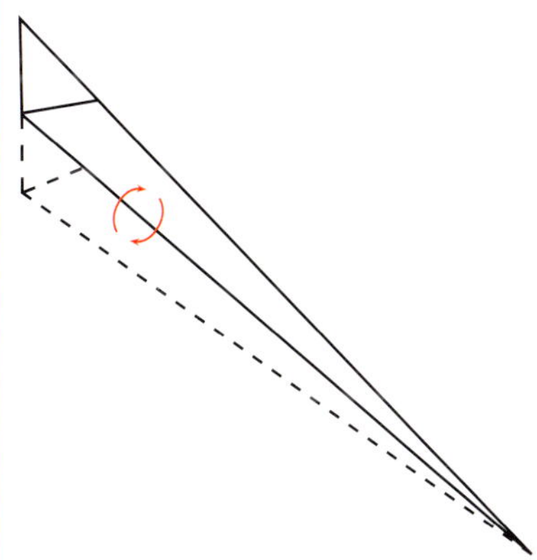

3

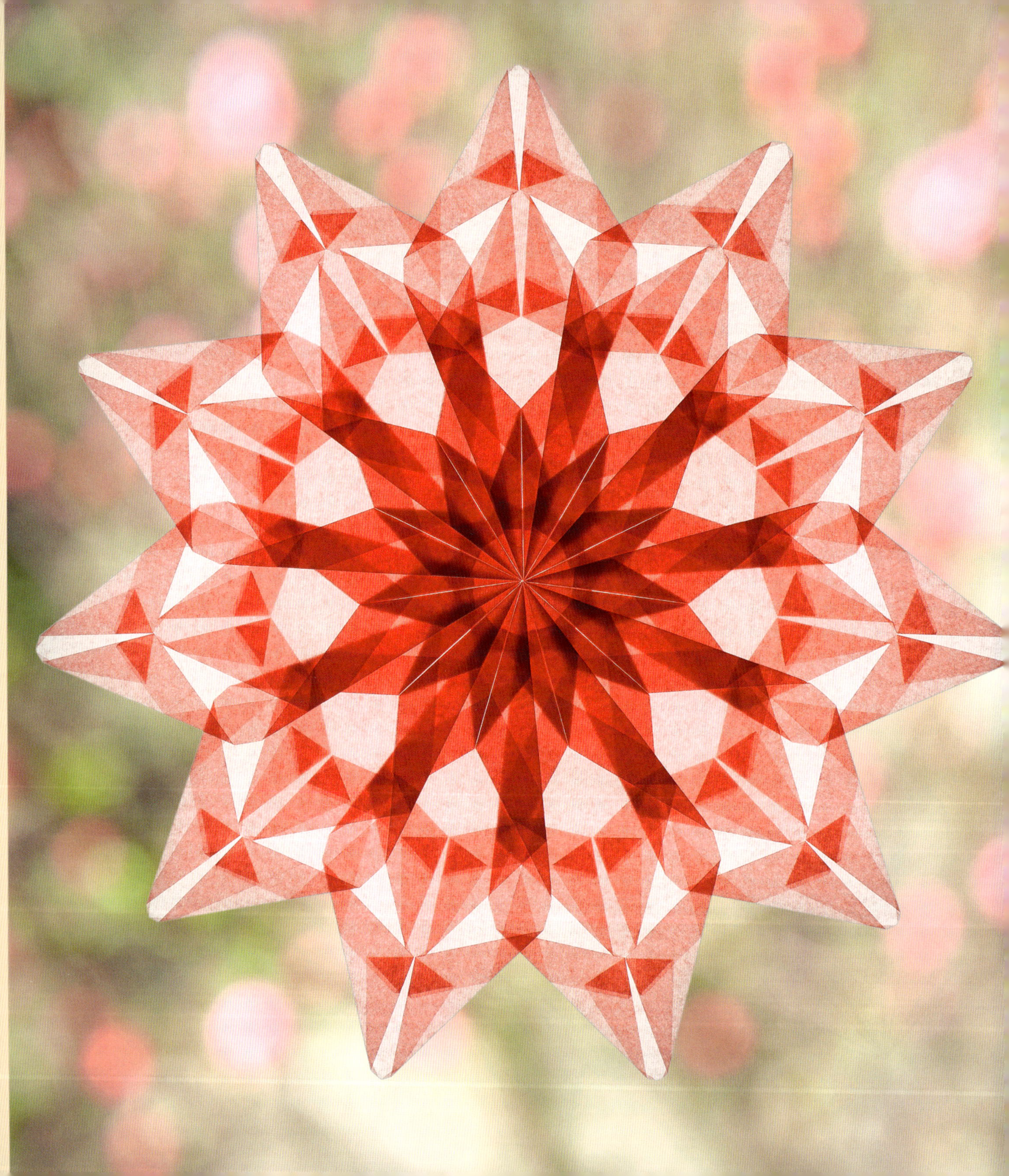

Dahlienrosette ***

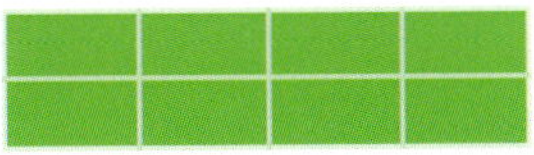

Elfstrahlig
Ø 39 cm, Schnitt 5
Ø 27,5 cm, Schnitt 4

Wie die Sonnenstrahlen das gefüllte Herz dieser Rosette gewoben haben, mag noch ein Geheimnis bleiben. Doch knistert leise schon das Seidenpapier zwischen Ihren Fingern, langsam bildet es sich Blatt für Blatt, und gleich blüht im Zimmer diese herrliche Gartenpracht.

Verwenden Sie wegen des doppelt gefalteten Schnittes ausschließlich helle Farben. Wenn Sie die Seidenpapierfarbe stärker beleben wollen, können Sie hier mit Aquarelltupfen einer verwandten Farbnuance vorgehen oder einfach das Blatt mit Wassertropfen entfärben (siehe Angaben Seite 14).
Schneiden Sie elf lange Rechtecke nach Schnitt 4 oder 5. Falten Sie zunächst den Schnitt in die Breite für die Mittellinie. Öffnen Sie den Schnitt und falten Sie dann zweimal in die Länge, um drei senkrechte Linien zu bilden. Diese Linien fest kniffen. Wieder öffnen.

Abb. 1: Bilden Sie erst die zwei horizontalen Vorbereitungsfalten.
Abb. 2: Legen Sie entsprechend der Zeichnung die äußersten Kanten auf die Hilfslinien.
Abb. 3: Knicken und kleben Sie als Erstes die vier Eckchen. Danach bilden Sie die vier Vorbereitungsfalten, indem Sie die Seitenkanten jeweils auf die Mittellinie legen und wieder loslassen.
Abb. 4: Legen Sie die Außenkanten auf die neuen Hilfslinien. Kleben.
Abb. 5: Dann kommen wieder zwei Vorbereitungsfalten. Legen Sie dabei die äußersten Winkel auf die entsprechende Kreuzung zwischen Mittellinie und vertikaler Hilfslinie. Wieder öffnen.
Abb. 6: Jetzt falten und kleben Sie die Seitenecken auf die neu entstandenen Kreuzungspunkte.
Abb. 7: Nun kippen Sie eine Schnittseite so über die andere, dass die Eckchen mit dem gegenüberliegenden Treffpunkt der Flügel zusammentreffen. Kleben.
Abb. 8: Die entstandene Basiskante falten. Sie wird zum Zentrum (Z).
Abb. 9–10: Das Zentrum (Z) weiterfalten und kleben. Wegen der Dichte der Faltungen ist hier die Messerklinge sehr hilfreich, um die letzten Falten exakt und schön glatt bilden zu können.

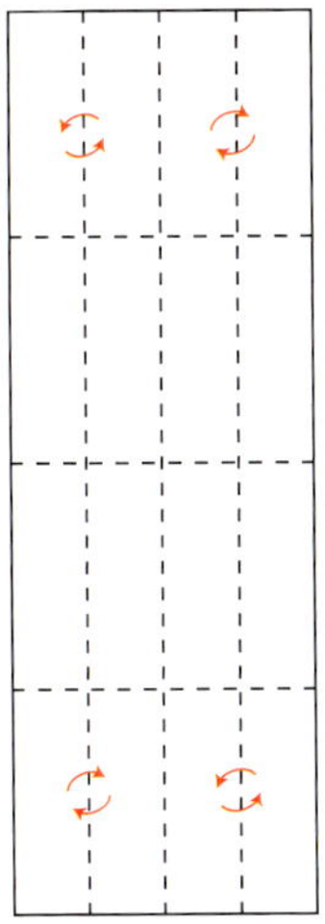

1

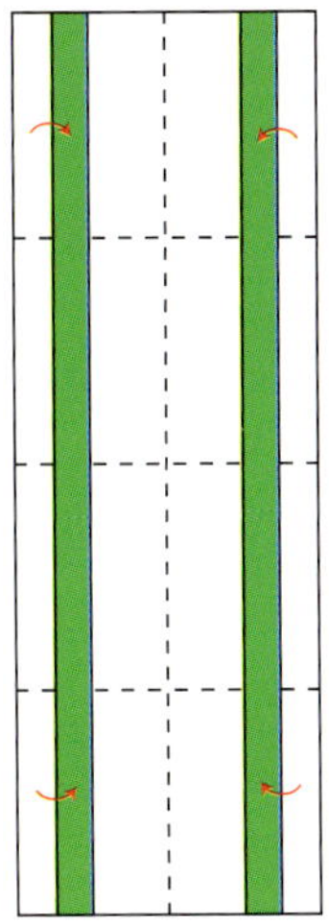

2

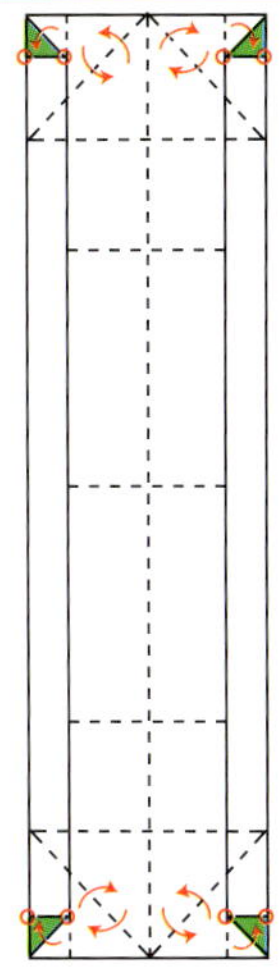

3

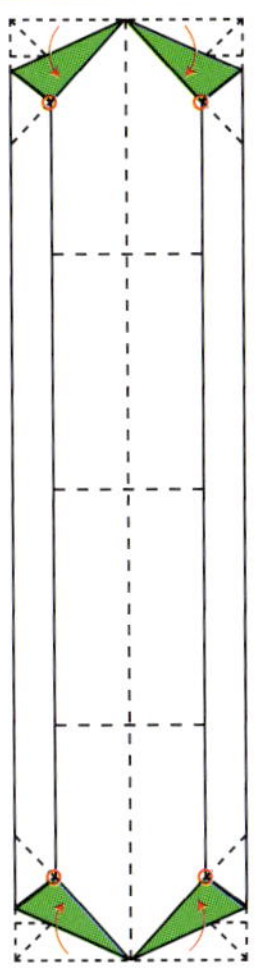

4

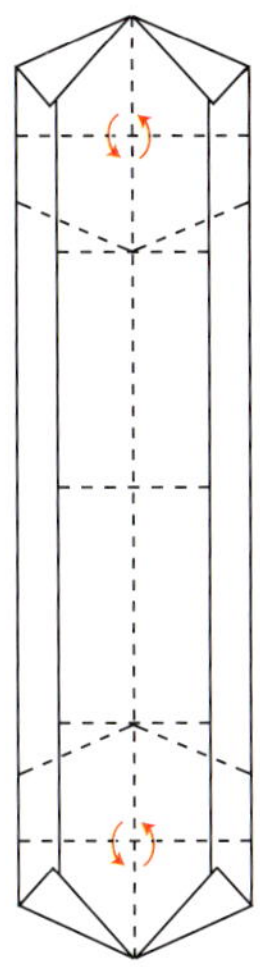

5

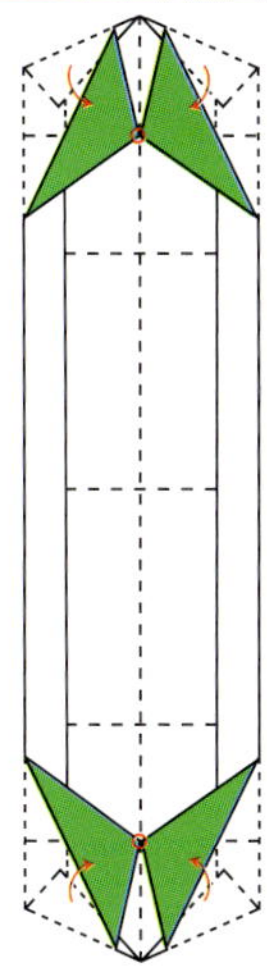

6

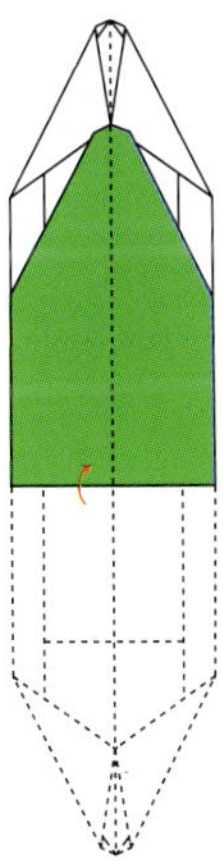

7

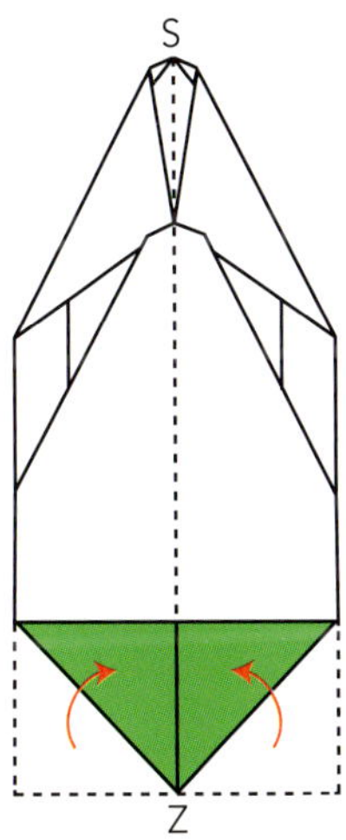

8

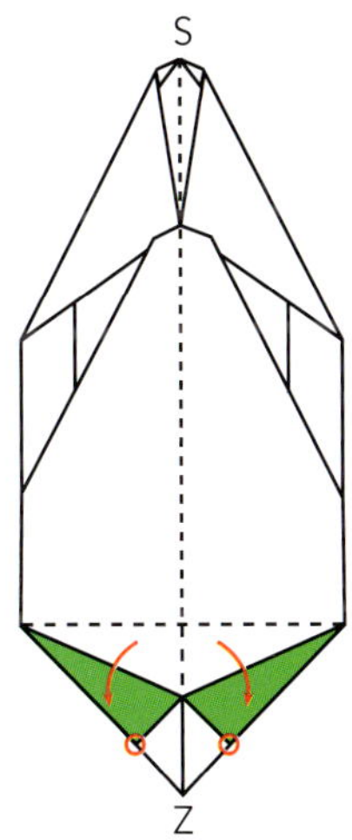

9

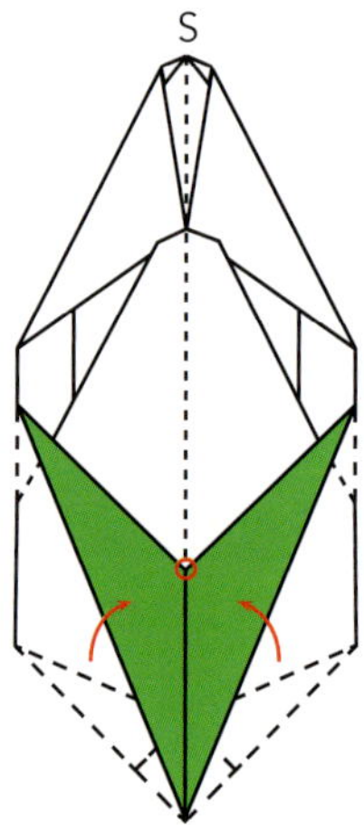

10

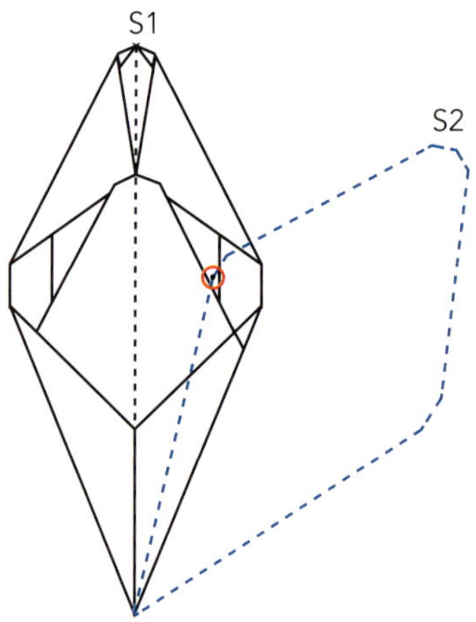

11

Das Zusammensetzen

Abb. 11: Wenn Sie das Seidenpapier nicht nass bearbeitet haben, so finden Sie den Stützpunkt für das Zusammensetzen beim Schnitt 4 direkt auf der inneren Schrägkante des ersten Schnittes. Beim größeren Schnitt 5 ergibt sich eine winzige Entfernung von 2 mm. Falls Sie das Papier nass behandelt haben, wird es sich wohl etwas zusammengezogen haben. In diesem Fall verschieben Sie die Ecke vom zweiten Schnitt eher etwas innerhalb der Schrägkante vom ersten Schnitt, und zwar bei Schnitt 4 ca. mit 2 mm, bei Schnitt 5 ca. mit 4 mm Entfernung.

Kleben Sie hier am besten Ihre Schnitte zunächst so leicht wie möglich aneinander, damit Sie diesen kleinen Spielraum noch an manchen Stellen nachkorrigieren können. Erst wenn Sie Ihre elf Schnitte zu einem harmonischen Ganzen gebracht haben, können Sie das Transparent mit Klebestrichen zusätzlich konsolidieren.

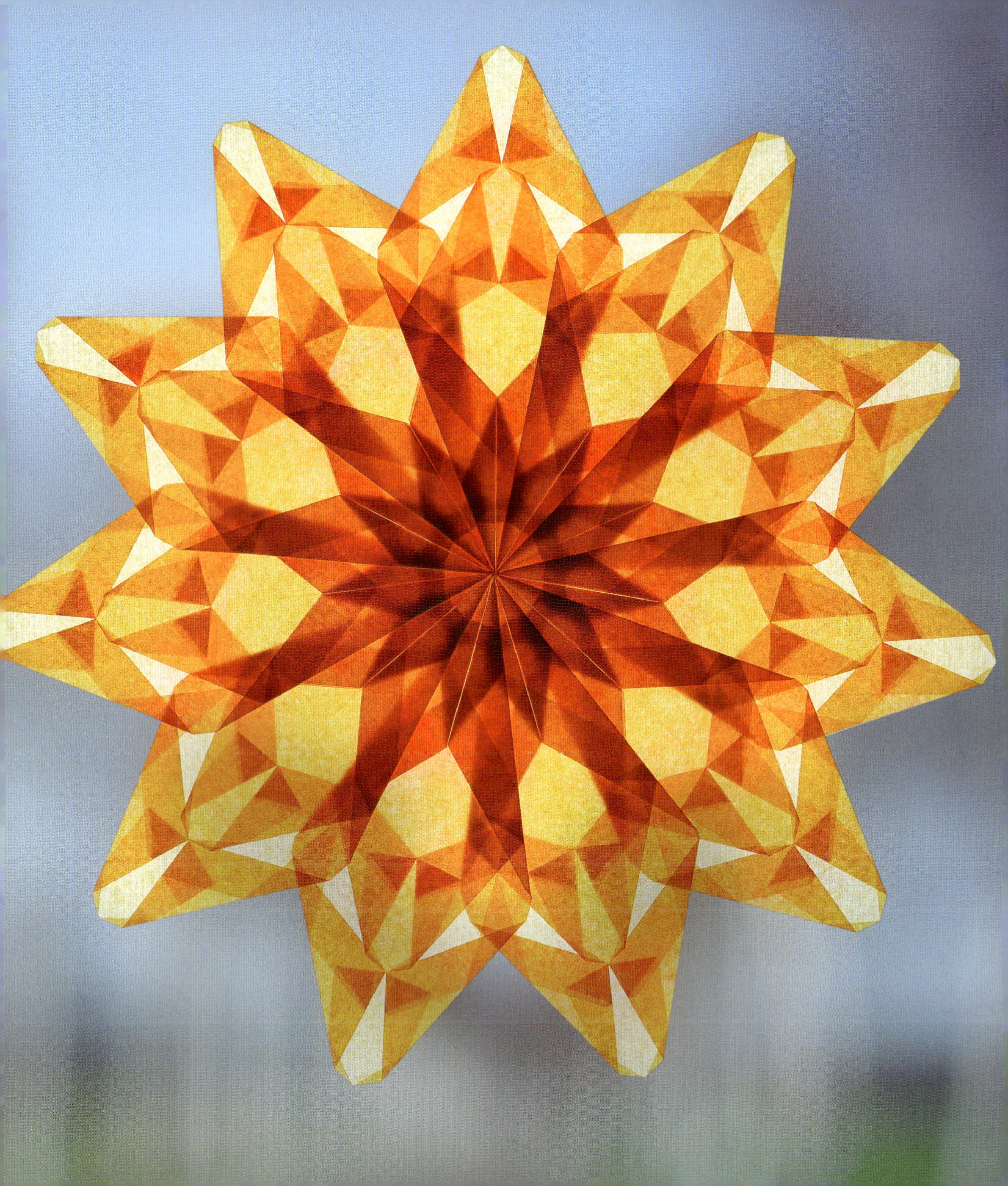

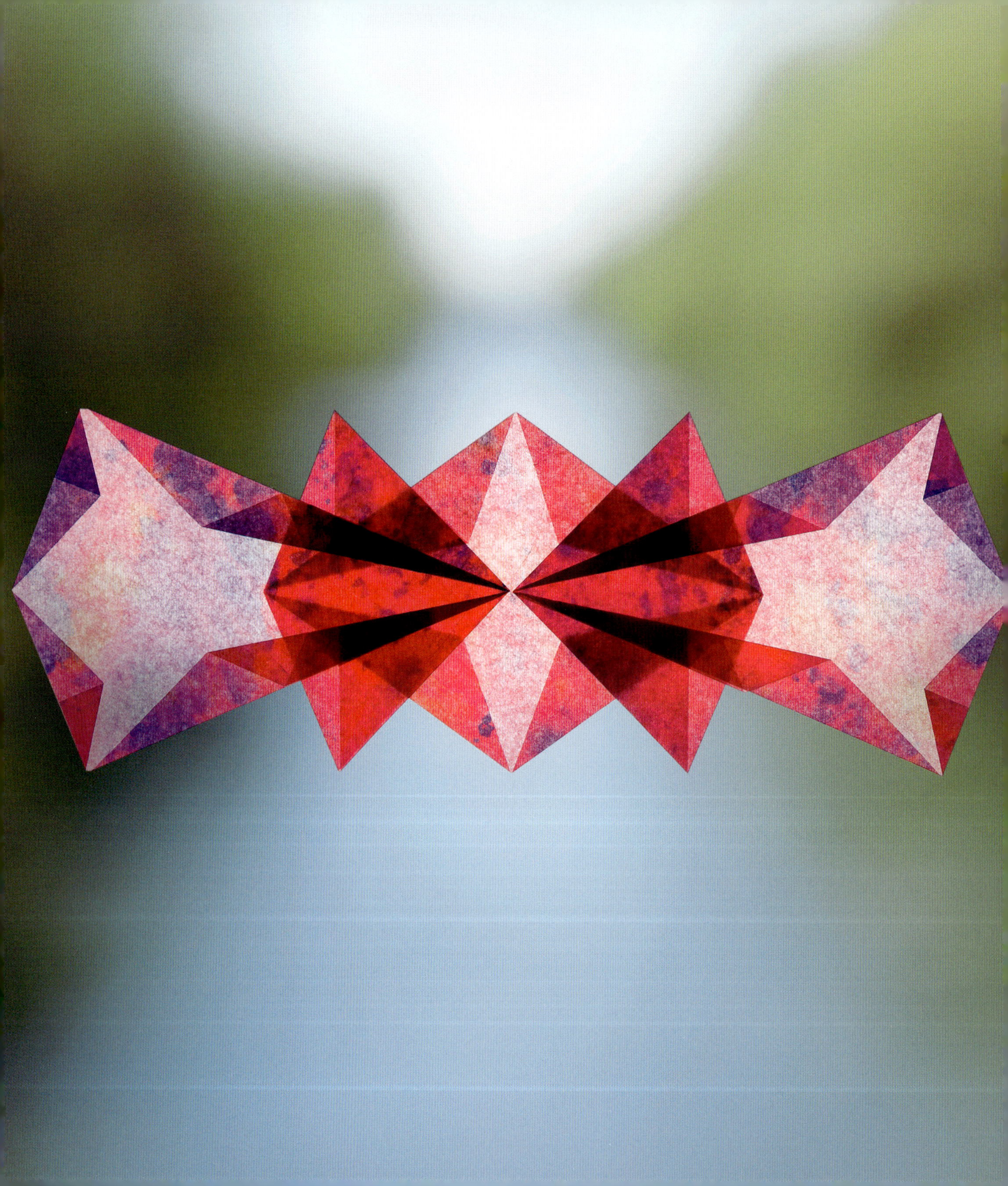

Faschingsfliege *****

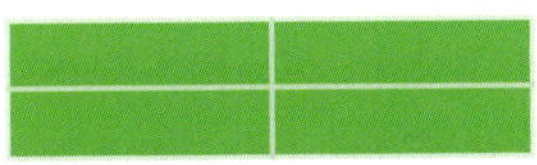

34,5 cm Länge, Schnitt 6
24,5 cm Länge, Schnitt 8
17,5 cm Länge, Schnitt 7

Dieses interessante Gebilde entstand aus reiner Faltfreude und war das erstaunliche Ergebnis von zwei besonderen Kunstgriffen. So erscheint eine lustige Schleife aus Seidenpapier, die an bunte, flatternde Schmetterlingsflügel erinnert.

Für dieses Transparent eignet sich jede Papierfarbe, insofern sie für den mittleren Knoten noch lichtdurchlässig bleibt. Selbstverständlich können Sie die Grundfarbe beliebig verändern, sei es durch Entfärben oder durch zusätzliche freie Pinselstriche (siehe Angaben, Seite 14). Außerdem besteht die Möglichkeit, dass Sie das Transparent leicht dreidimensional entfalten; das ruft eine gewisse Verschwommenheit hervor, weil es nur wenige Klebepunkte gibt.

Nehmen Sie einen einzigen rechteckigen Schnitt, wie oben angegeben. Die kleinere Schnittgröße 7 erfordert wegen der feinen Faltungen etwas mehr Fingerspitzengefühl als die zwei anderen. Bilden Sie beide Mittellinien.

Wichtiger Hinweis: Aus praktischen Gründen drehen Sie beim Aufbau dieses Modells auf den Seiten 75 und 77 das Buch, damit die Zeichnungen horizontal liegen und dem Text entsprechend mit den Ziffern nach unten rechts orientiert sind!

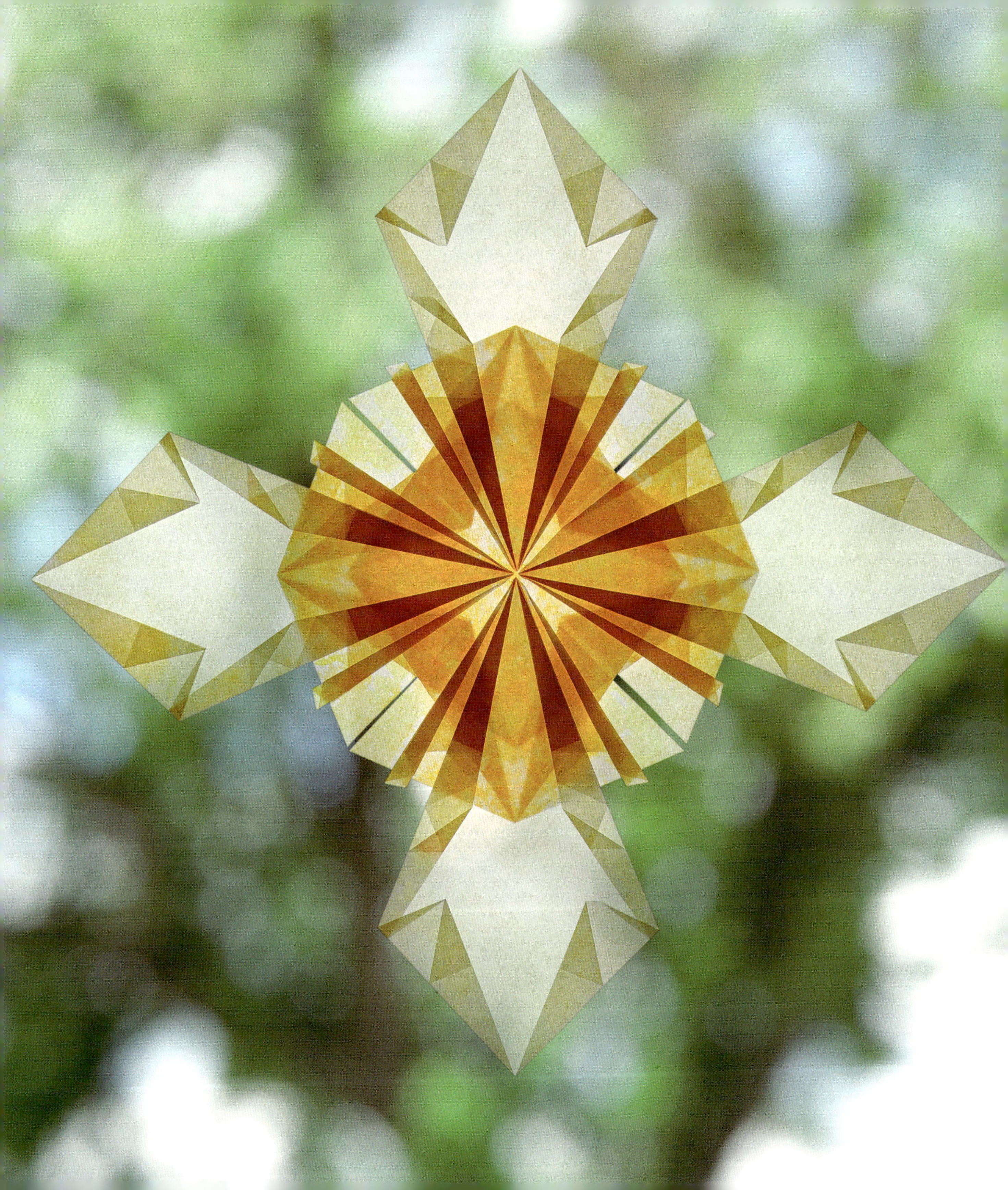

Kreuzmedaillon *****

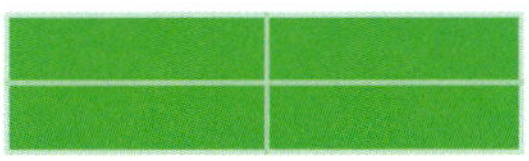

Vierstrahlig
Ø 34,5 cm, Schnitt 6
Ø 24,5 cm, Schnitt 8
Ø 17 cm, Schnitt 7

Edel und fein – dieses ausgewogene Kreuzornament offenbart durch klare Linien aus dem leicht dreidimensionalen achteckigen Medaillon eine besonders schöne Leuchtkraft.

Wenn Sie bereits das vorige Transparent, die «Faschingsfliege», ausgeführt haben, wird Ihnen dieses Kreuz keine Schwierigkeit mehr bereiten, weil es mit wenigen Verwandlungen eine Fortsetzung ist.
Eine helle Farbe lässt das Rhombusmotiv am Zentrum besonders gut hervortreten. Neben der vielseitigen Bereicherung durch Färben oder Entfärben des Seidenpapiers bietet sich noch eine weitere Möglichkeit: Sie können vor dem Zuschneiden ein weißes Blatt nehmen und es z.B mit einer gelben oder orangen Aquarellfarbe (oder Ecoline) färben, indem Sie tupfenweise mit dem Schwämmchen ein breites Farbband durch die Blattmitte ziehen und es an den beiden Seiten zart auslaufen lassen. Es erscheint dann im Kreuz eine sanfte Ausstrahlung von der Mitte aus.

Nehmen Sie zwei rechteckige Schnitte, wie oben angegeben. Bilden Sie beide Mittellinien und folgen Sie erst den gleichen Anleitungen wie bei «Faschingsfliege» (Seite 74) bis einschließlich Schritt 6.

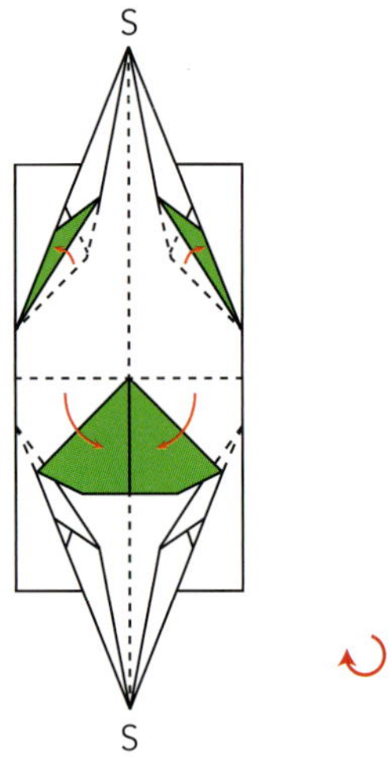

1

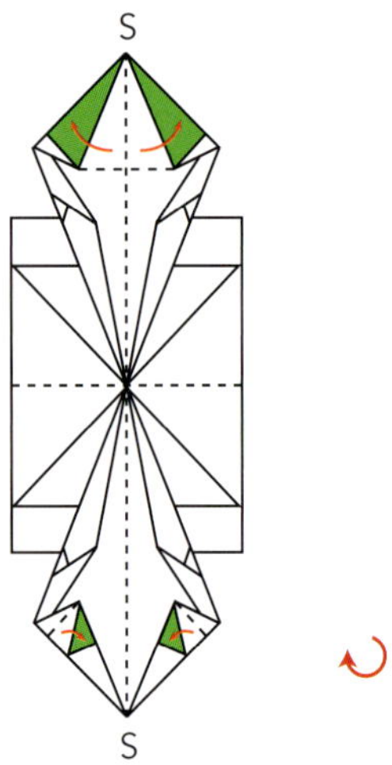

2

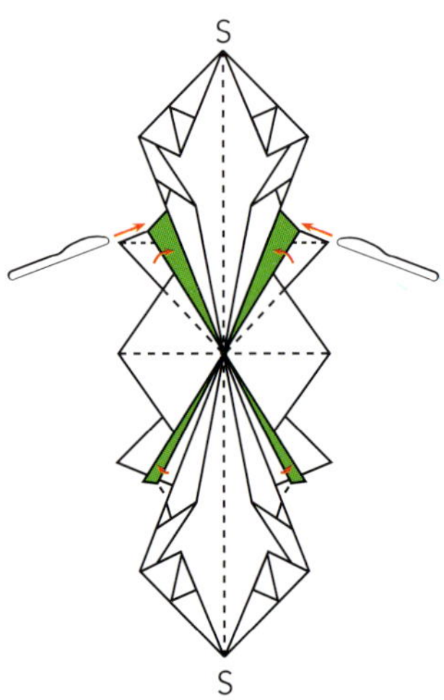

3

Abb. 1: Die vier inneren Winkel falten, wie die Zeichnung es nur oben zeigt. Dann die mittleren Flügel auf beiden Seiten so schließen, wie es nur unten auf der Zeichnung angegeben ist. *Drehen Sie den Schnitt um.*

Es folgt genauso, wie beim vorigen Transparent, Schritt 8, (Seite 74) beschrieben, die Umkehrung der zwei Spitzen (S).

Abb. 2: Falten Sie nun die neuen Außenspitzen (S) wiederum in zwei Schrittfolgen: Zunächst knicken Sie die vier Ecken zurück wie oben auf der Zeichnung; dann verfeinern Sie, wie die Zeichnung es unten zeigt. Kleben Sie die Innenspitzen am Zentrum, *aber nur beim ersten Schnitt.* Beim zweiten Schnitt werden sie vorläufig frei gelassen. *Drehen Sie die Schnitte um.*

Für die nächsten Faltvorgänge greifen Sie wieder zu den Anleitungen vom vorigen Transparent bei Schritt 9 und 10 zurück (Seite 76).

Drehen Sie dann beide Schnitte wieder auf die Vorderseite.

Abb. 3: Mit der Rasierklinge (oder einem scharfen Messer) auf beiden Seiten die vier Doppelkanten bis zum Anstoß der jeweiligen (S)-Spitzenkanten vorsichtig aufschlitzen, wie die Zeichnung es nur oben zeigt (roter Pfeil). Es folgen dann zwei Faltschritte für diese vier befreiten Ecken: zunächst entsprechend der Zeichnung oben; dann die feinen Falten gestalten, wie die Zeichnung es unten verdeutlicht. Helfen Sie sich dabei mit dem Messerrücken, damit diese vier Falten schön spitz verlaufen.

Abb. 4: Das Zusammensetzen der zwei fertig gefalteten Schnitte ist einfach. Schieben Sie den Schnitt mit den geklebten Innenspitzen in den anderen hinein, indem Sie die noch losen Spitzen hochheben. Beide Schnitte exakt Zentrum auf Zentrum legen. Kleben. Befestigen Sie auch auf der Rückseite die losen Ecken auf ihren entsprechenden Mittellinien. Man kann dem Kreuzmedaillon am Fenster einen luftigen Effekt verleihen, indem man den mittleren Teil leicht dreidimensional hervorhebt.

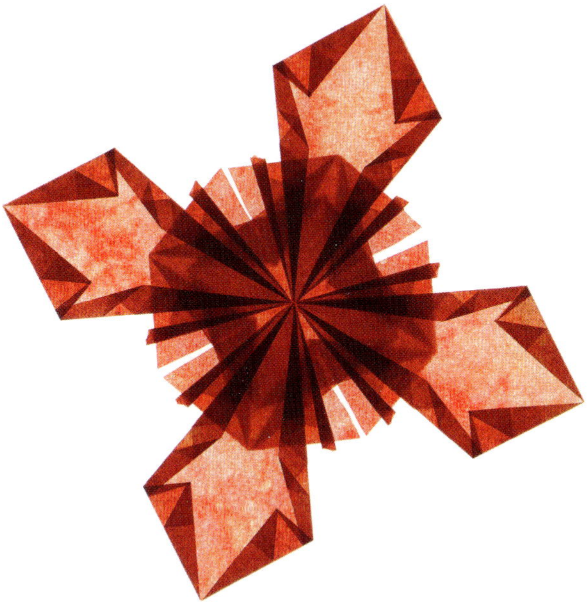

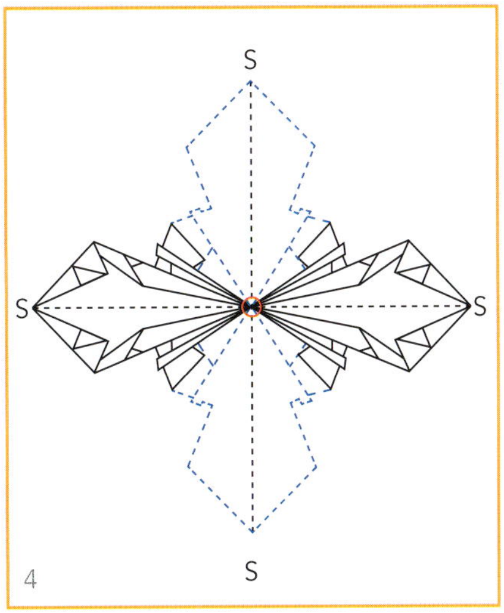

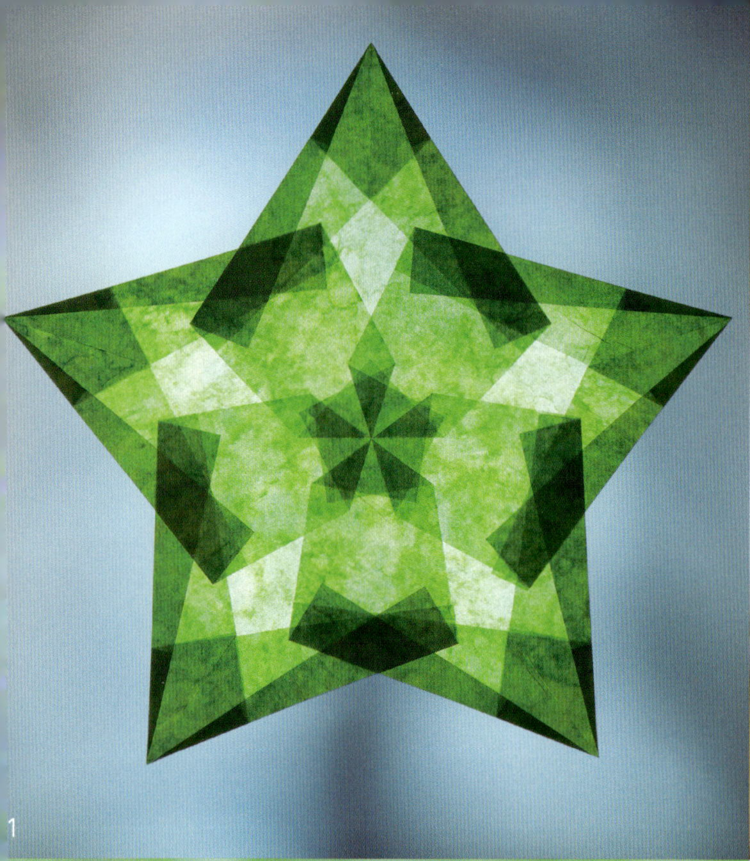

1

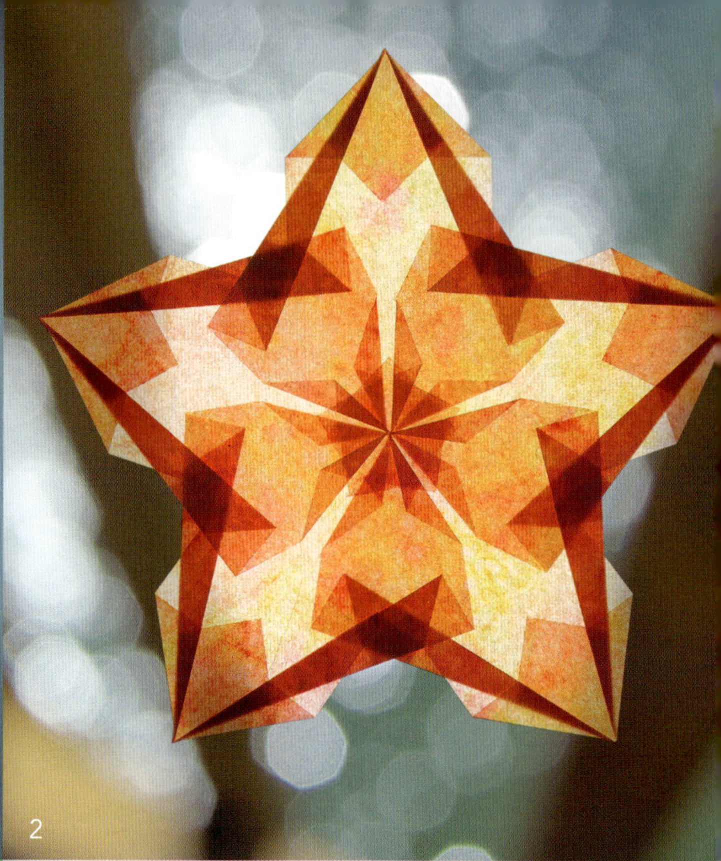

2

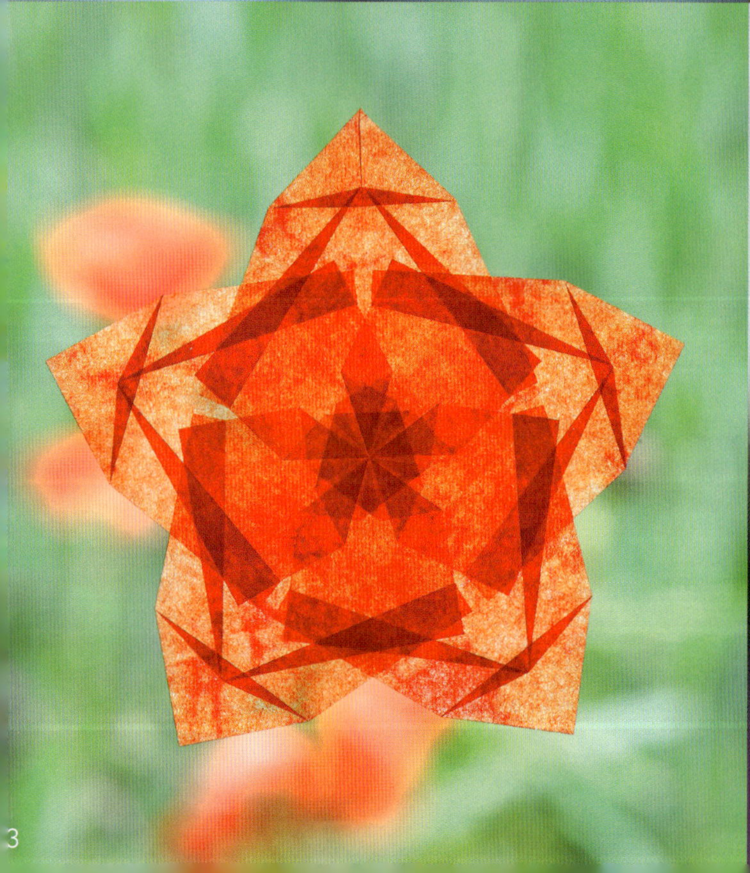

3

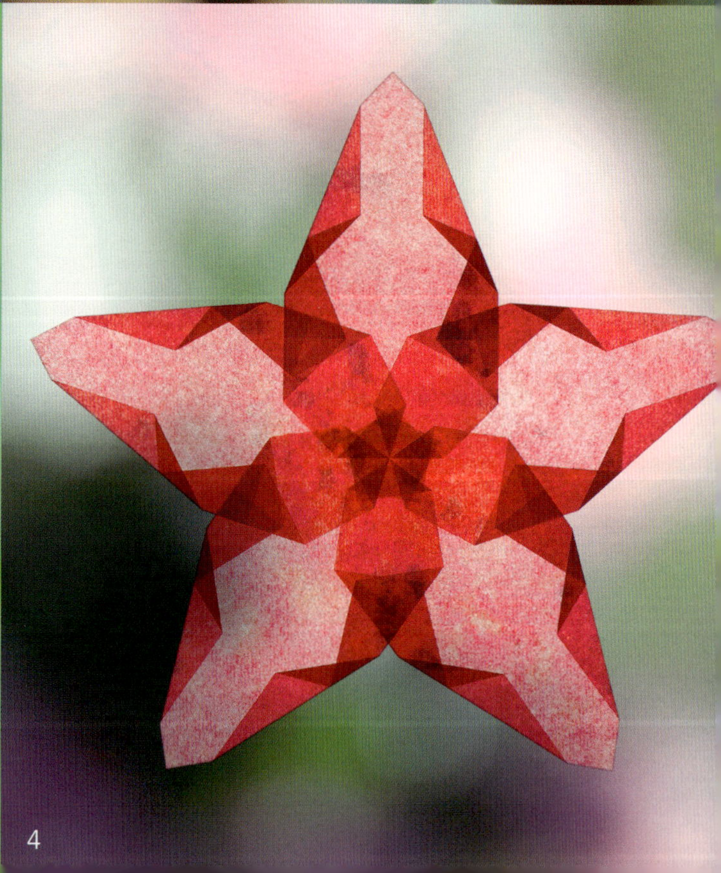

4

Fünfstern-metamorphosen *

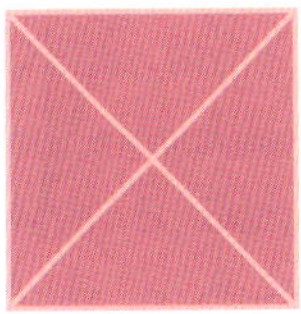

Fünfstrahlig

Stern 1 und 2	Stern 3	Stern 4
Ø 30 cm	Ø 35 cm	Ø 42,5 cm, Schnitt 11
Ø 22 cm	Ø 25,5 cm	Ø 30,5 cm, Schnitt 9
Ø 15 cm	Ø 17 cm	Ø 23,5 cm, Schnitt 12

Diese vier anmutigen Blütensterne sind eng miteinander verwandt, und doch zeigt jeder deutlich seine besondere Eigenart. Sie lassen sich schnell und einfach gestalten und sorgen am Fenster für eine freudige und leichte Stimmung.

Bei der Farbauswahl des Seidenpapiers und der künstlerischen Ausarbeitung sind Ihnen keine Grenzen gesetzt.
Je nach Umfang des Sterns, den Sie gestalten wollen, nehmen Sie fünf viereckige Schnitte, wie oben angegeben, und bilden die zwei Diagonalen.

Falten des Sterns 1

Abb. 1–2: Einfach nach den Zeichnungen falten und kleben.
Abb. 3: Vorbereitungsfalten – legen Sie die Außenkanten auf die Diagonale. Wieder öffnen.

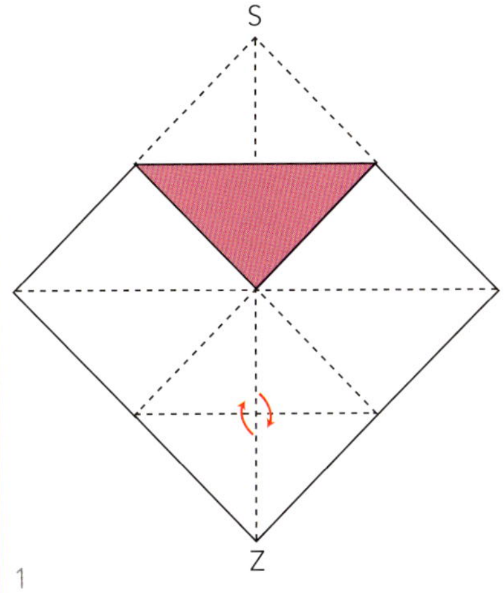

1

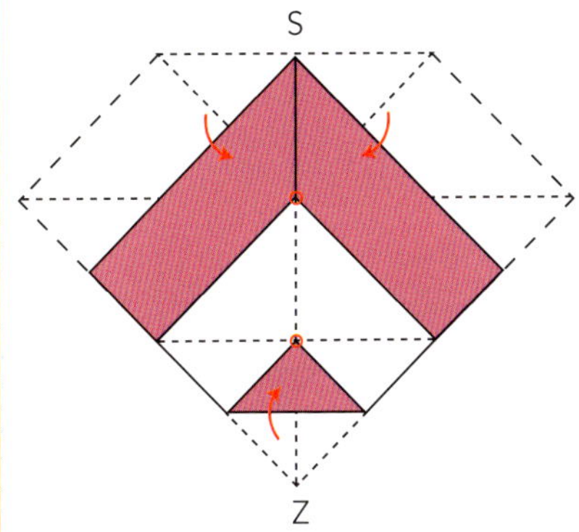

2

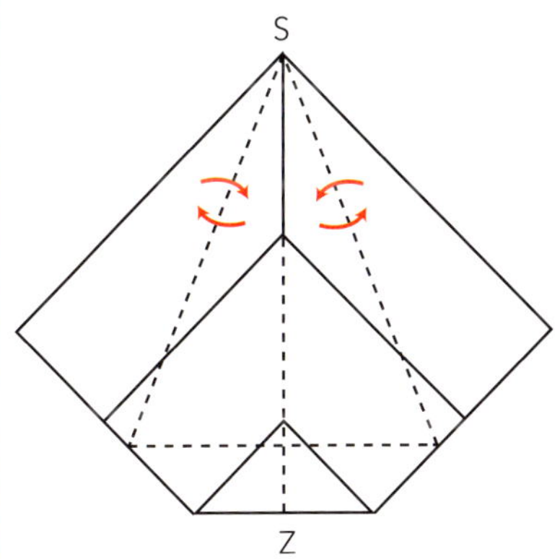

3

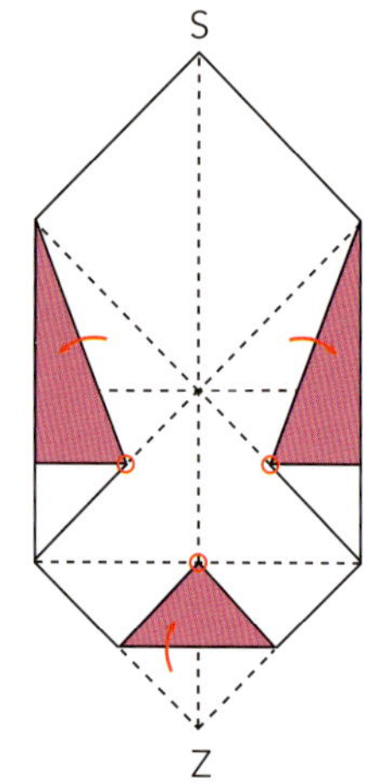

10

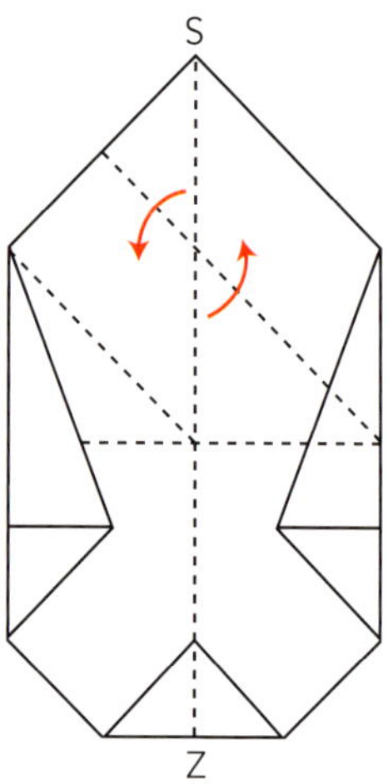

11

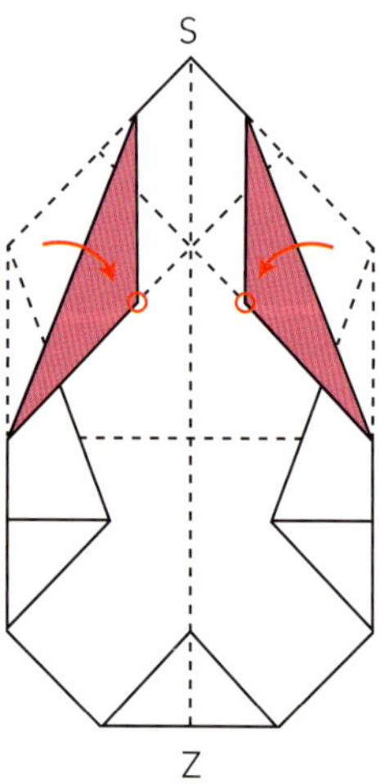

12

Falten des Sterns 4

Falten Sie beide Diagonalen. Greifen Sie auf Zeichnung 1 von Stern 1 (Seite 83) zurück. Bilden Sie genauso die Vorbereitungsfalte für das Zentrum (Z), und ebenso wie die dortige Spitze (S) falten Sie diesmal die zwei Seitenwinkel.

Abb. 10: Falten Sie dann weiter nach der Zeichnung.

Abb. 11: Zwei Vorbereitungsfalten – legen Sie erst den rechten oberen Winkel auf den Kreuzpunkt der Diagonalen und öffnen Sie wieder. *Das Gleiche für die linke Schnittseite wiederholen.*

Abb. 12: Setzen und kleben Sie die Seitenkanten auf diese neuen Hilfslinien fest.

Das Zusammensetzen

Für diese vier Sterne verwenden Sie das fünfstrahlige Diagramm (siehe Grundanleitung, Seite 24).

Dabei werden Sie feststellen, dass der Stützpunkt des Zentrums (Z) entweder ein Winkel (bei Stern 2 und 3) oder die Diagonallinie ist (Stern 1 und 4).

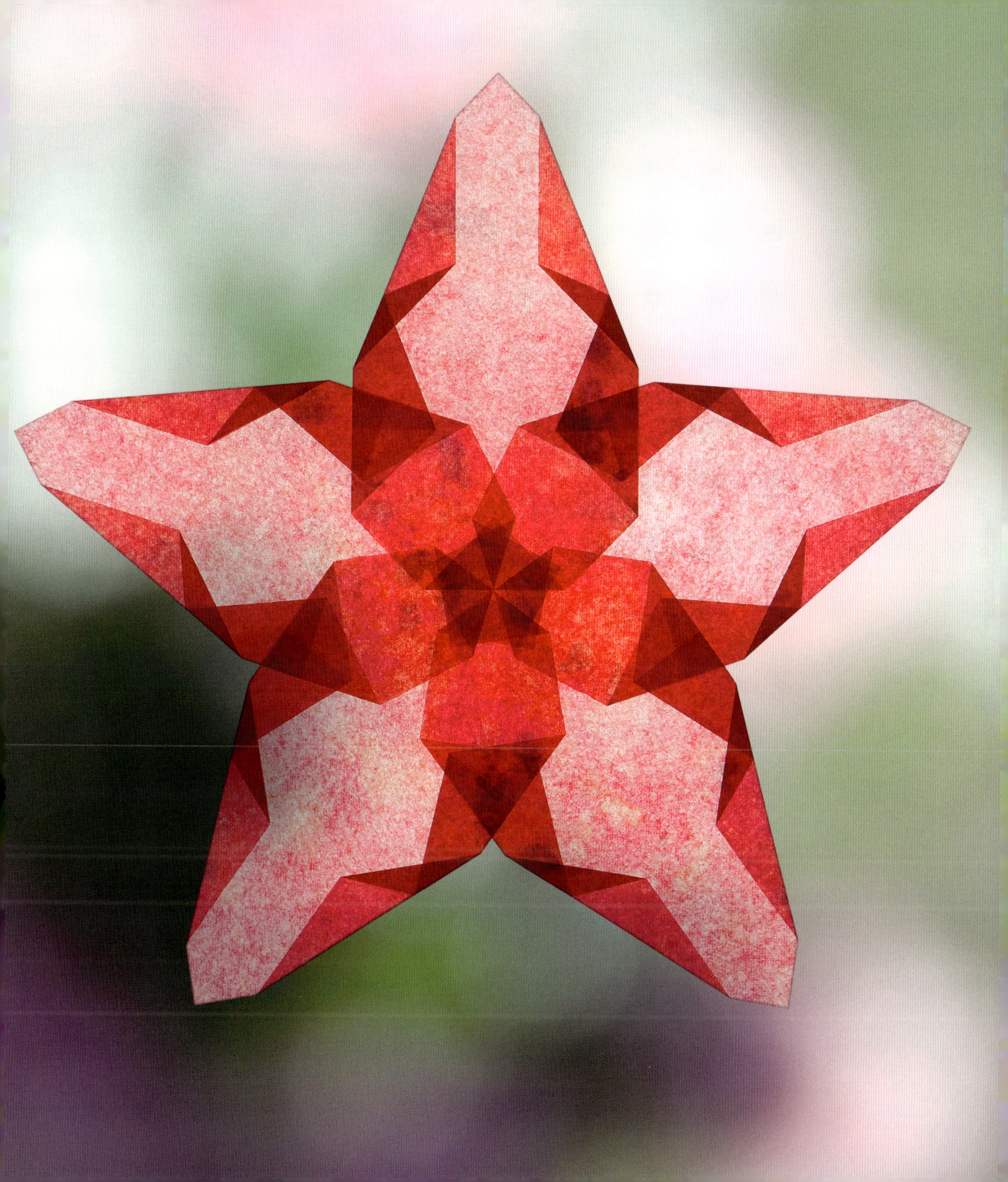

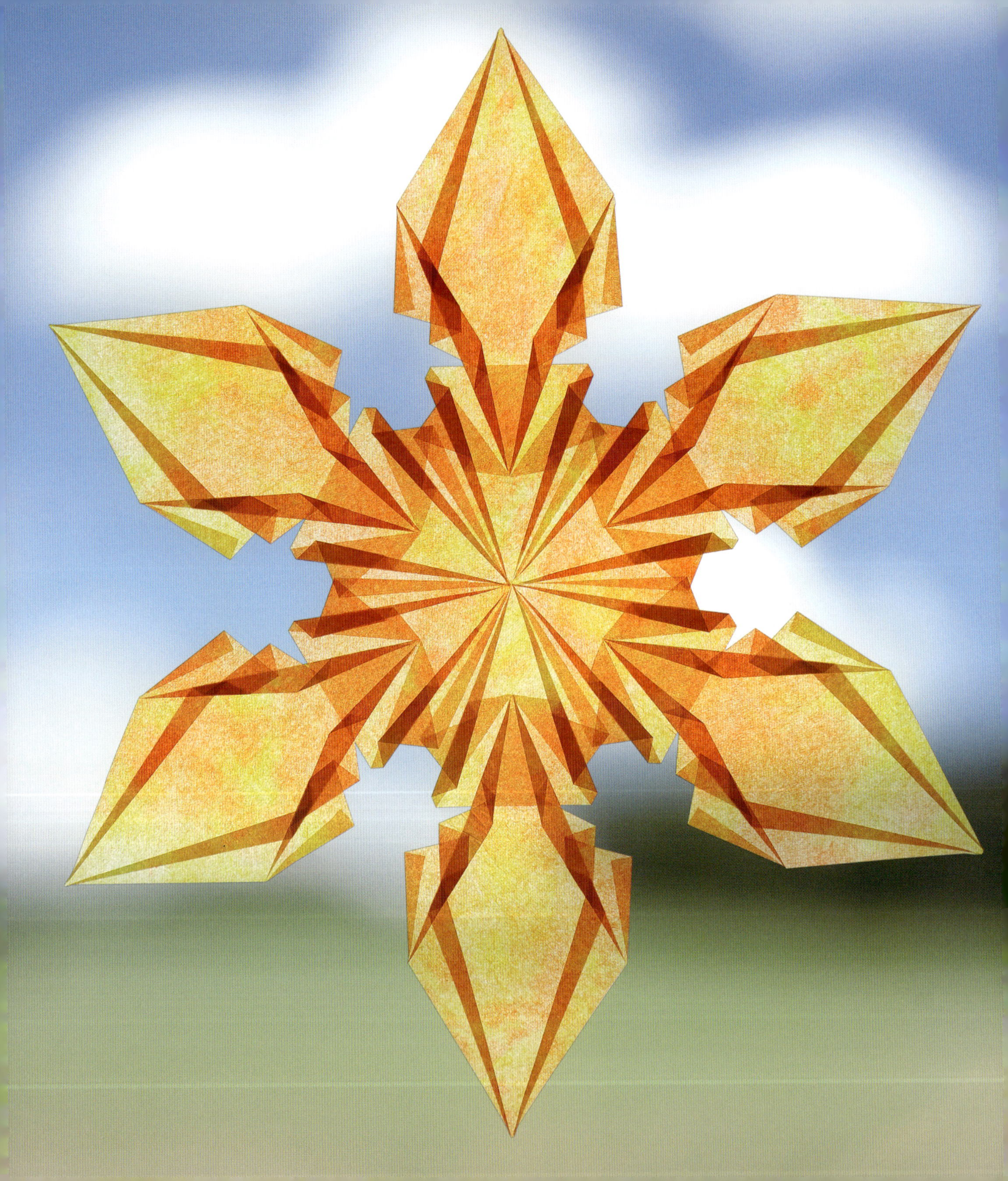

Sternsiegel ***

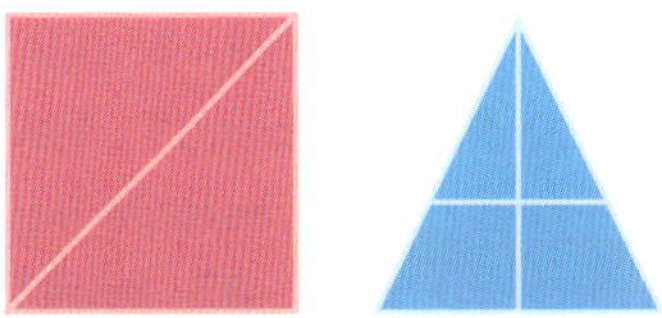

Sechsstrahlig
Ø 44,5 cm, Schnitt 9
Ø 31,5 cm, Schnitt 12

Diese fein ziselierte Sternstruktur ruft eine besonders strahlende Wirkung hervor. Ihre starke Präsenz am Fenster vermittelt gleichzeitig den Eindruck von Leichtigkeit, als ob der Stern leicht emporschweben möchte.

Ein warmer Gelbton sowie eine zarte lila Farbe eignen sich für den Stern sehr gut. Sie können sich aber auch einen kühleren Farbton aussuchen, er sollte aber nicht zu kräftig und zu dunkel sein.

Bei diesem Transparent haben wir wieder einen zweiteiligen Aufbau mit Sockel und eingesetzten Spitzen. Für den Sockel benötigen Sie drei quadratische Schnitte, wie oben angegeben, die Sie halbieren, um sechs Dreiecke zu bekommen (siehe Anleitung, Seite 19). Ferner brauchen Sie für die Spitzen sechs quadratische Schnitte, jeweils mit der gleichen Größennummer 12 oder 9.

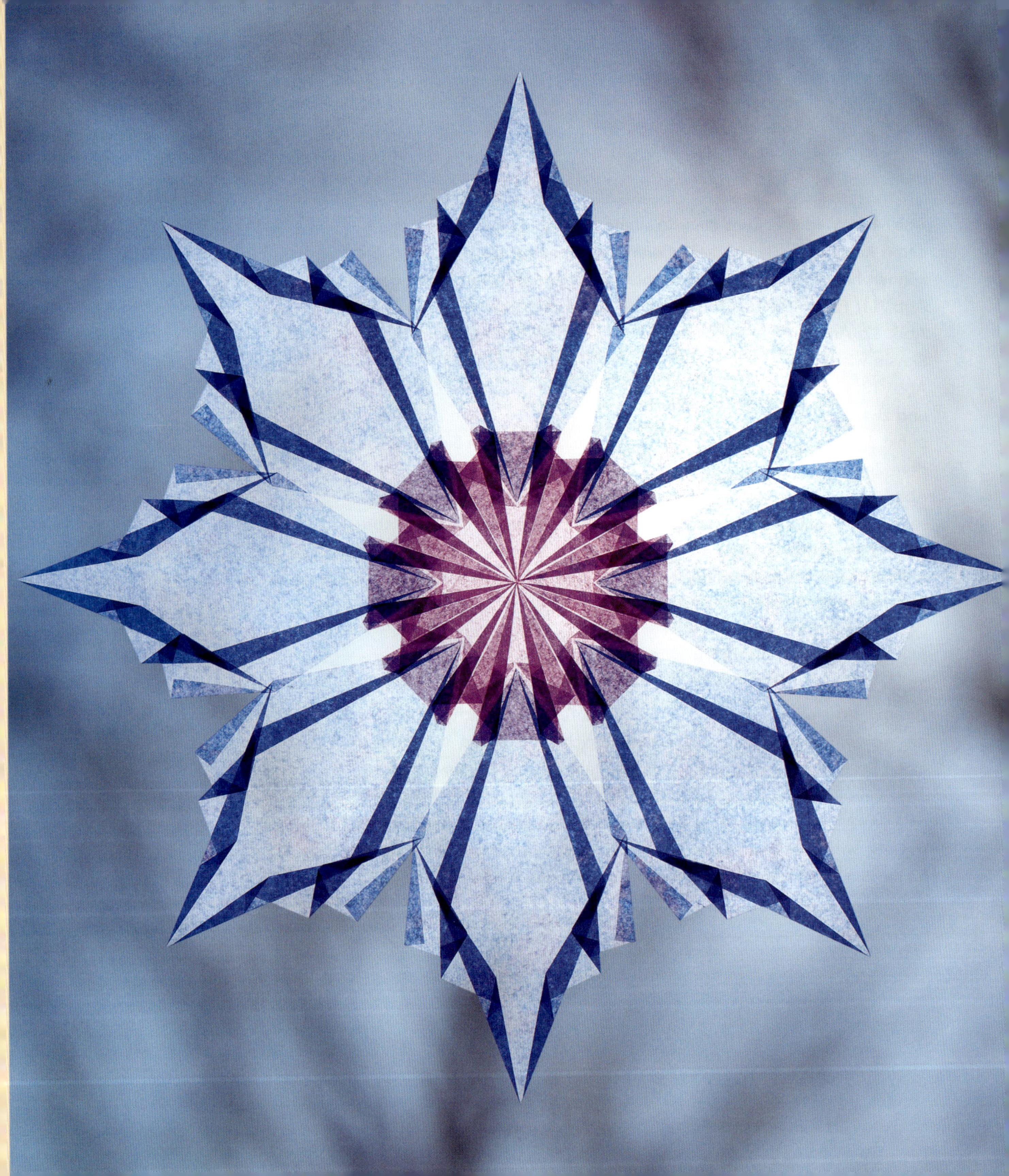

Kornblume ****

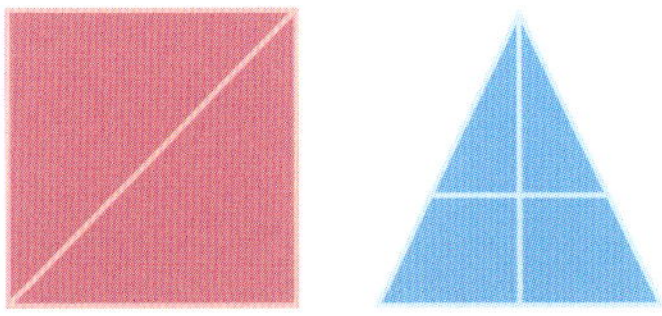

Achtstrahlig
Ø 42 cm Blumenblätter: Schnitt 9
Blumenherz: Schnitt 12
Ø 28,5 cm Blumenblätter: Schnitt 12
Blumenherz: Schnitt 10

Dieses blumenartige Transparent erinnert an die luftigen und hellblauen Sommerblüten, die am Rand der Kornfelder heute nur noch selten zu finden sind. Besonders dekorativ sind die kleinen Ausschnitte, die sich von selbst um das Blumenherz bilden.

Wiederum haben wir hier ein zweiteiliges Transparent, das sich aus dem vorigen «Sternsiegel» entwickeln und weiter ausführen lässt. Die kleinere Schnittgröße erfordert wegen der feinen Faltungen etwas mehr Fingerspitzengefühl.
Wählen Sie für das Blumenherz ein zartes Rosa und für die Blumenblätter ein helles Blau. Falls Sie diese Farben noch luftiger haben und beleben wollen, können Sie vor dem Zuschnitt ein halbes hellblaues Großblatt auf ein rosa oder auf ein zartes lila Blatt legen und beide Seidenpapierblätter kräftig durchnässen. Die rosa Farbe des Blumenherz kann einfach mit Wassertropfen besprengt werden (siehe Angaben, Seite 14).

Falten des Sockels

Für das Blumenherz brauchen Sie vier Quadrate nach Schnitt 12 oder 10, die Sie halbieren, um acht Dreiecke zu bekommen (s. Anleitung, Seite 19).

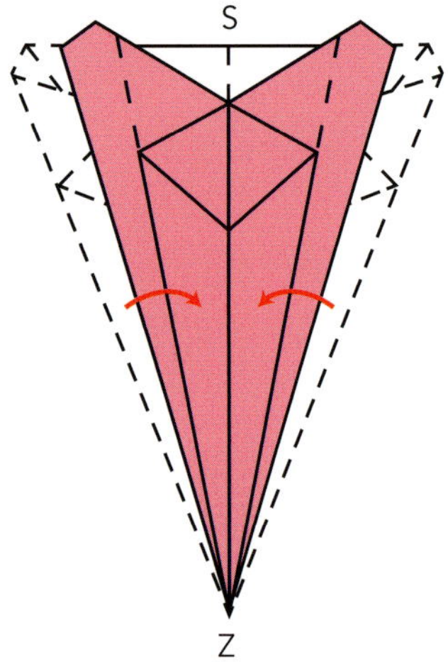

1

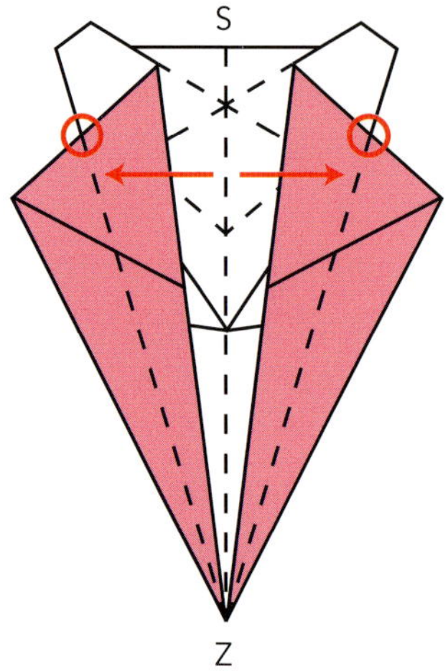

2

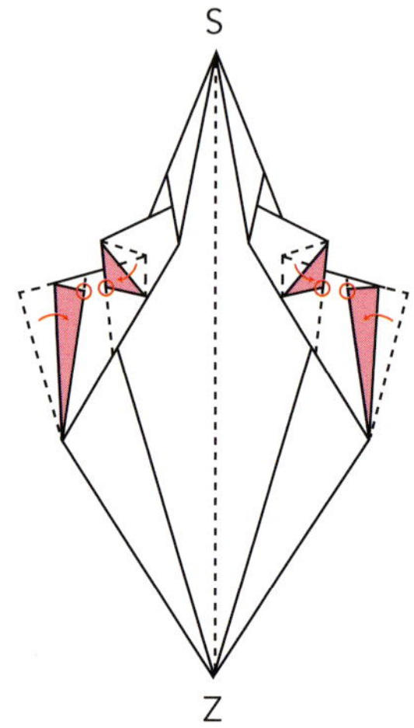

3

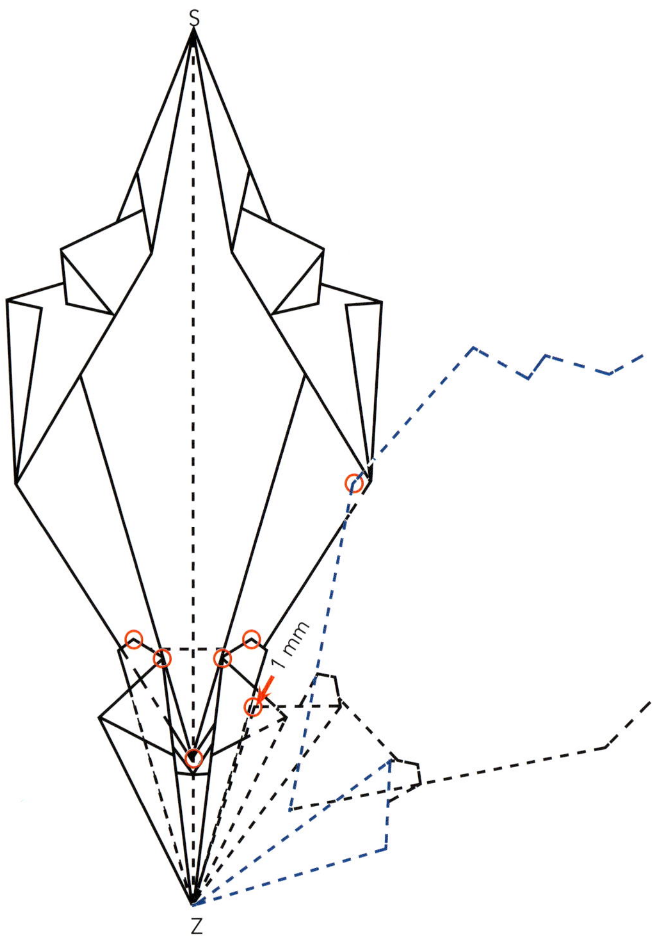

4

Beginnen Sie mit dem gleichen Anfangsaufbau wie beim Sockel von «Sternsiegel» (Seite 91) bis einschließlich Zeichnung 5.
Abb. 1: Ziehen Sie die inneren Kanten direkt an die Mittellinie heran.
Abb. 2: Nun kommt eine «gleitende Falte», indem Sie diese Innenkanten jetzt nach außen auf die Außenkanten gleiten lassen. Nur die zwei angezeigten Klebepunkte anbringen. Die Sockelteile sind fertig.

Falten der Blumenblätter

Von nun an schneiden Sie acht Quadrate nach Schnitt 9 oder 12 und verfolgen den gleichen Faltprozess wie bei den Spitzen von «Sternsiegel» (Seite 91f.), und zwar ab Zeichnung 8 bis einschließlich Zeichnung 12. Dabei achten Sie aber darauf, dass bei Zeichnung 10 die zwei inneren Klebepunkte nicht angebracht werden müssen.
Dann drehen Sie den Schnitt so, dass die Spitze (S) zum Zentrum (Z) wird und umgekehrt.
Abb. 3: Falten und kleben Sie die vier Seitenecken.

Das Zusammensetzen

Abb. 4: Fangen Sie erst mit dem Sockel an. Setzen Sie die Schnitte, wie die Zeichnung es ansatzweise zeigt, so zusammen, dass die linke Schnittkante des zweiten Schnittes ganz knapp an die rechte Hilfslinie des vorigen geklebt wird. Wenn Sie vor dem Zuschnitt die Papierfarbe nass bearbeitet haben, ist es in der Tat besser, wenn Sie eine winzige Lücke von kaum 1 mm dazwischen lassen. Während des Klebens legen Sie Ihre Hand auf die Schnitte, damit diese ganz flach bleiben. Schieben Sie dann das Zentrum der jeweiligen Blumenblätter so weit in die Sockelteile hinein, bis die Außenkanten anstoßen. Festkleben. Befestigen Sie auch die Stellen, wo die Seitenflügel etwas überlappen.

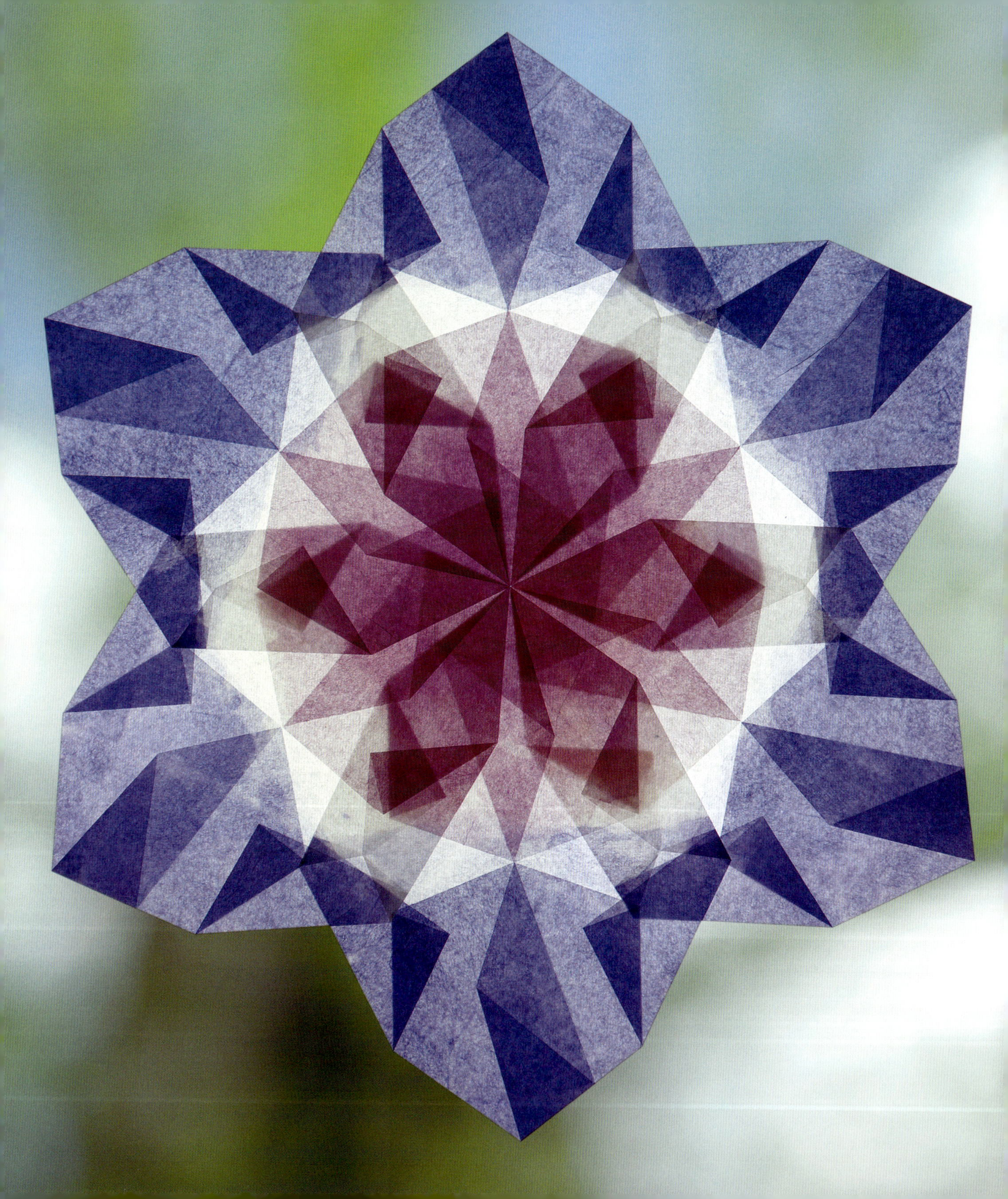

Aurikelblüten **

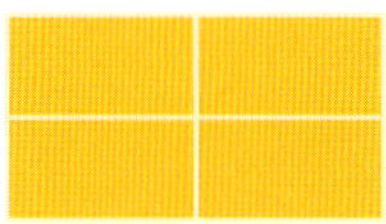

Fünf- oder sechsstrahlig
Ø 36,6 cm, Schnitt 3
Ø 26,2 cm, Schnitt 2
Ø 18,2 cm, Schnitt 1

Die leicht abgerundete Gestalt dieser Blüte erinnert spontan an eine sehr beliebte alte Gartenprimel. Der besondere Reiz der Aurikelblüte liegt nämlich in ihren stark abgegrenzten Innenkreisen, die sich aus den verschiedensten Farben bilden können. Dekorative Frühlingsboten aus Seidenpapier!

Dieses farbige Naturspiel der Aurikelblüten können Sie etwas nachahmen, wenn Sie vorm Zuschneiden das Seidenpapierblatt auf zweierlei Weise bearbeiten (siehe Zeichnung rechts).
Der mittlere Kreis muss hell bzw. weiß bleiben. Sie können also eine beliebige helle Farbe verwenden und diese mittlere Schnittzone mit dem feuchten Schwämmchen entfärben (für Schnitt 1 etwa mit 1 cm, für Schnitt 2 mit 1,5 cm und für Schnitt 3 mit 2 cm breiter Aufhellung). Um den farbigen Kontrast zu verstärken, können Sie auch mit Aquarell oder mit Ecoline die Grundfarbe der restlichen Papierfläche zusätzlich erhöhen.
Oder ein weißes Blatt nehmen und seine äußeren Kanten mit einem kräftigeren Farbton (z.B. Indischgelb) und seine Mitte stets mit einer helleren Farbe (z.B. Zitronengelb) färben. Nehmen Sie fünf oder sechs rechteckige Schnitte, wie oben angegeben, und bilden Sie die zwei Mittellinien.

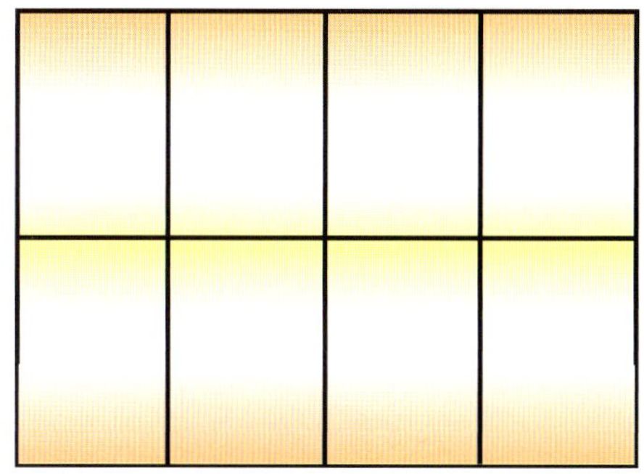

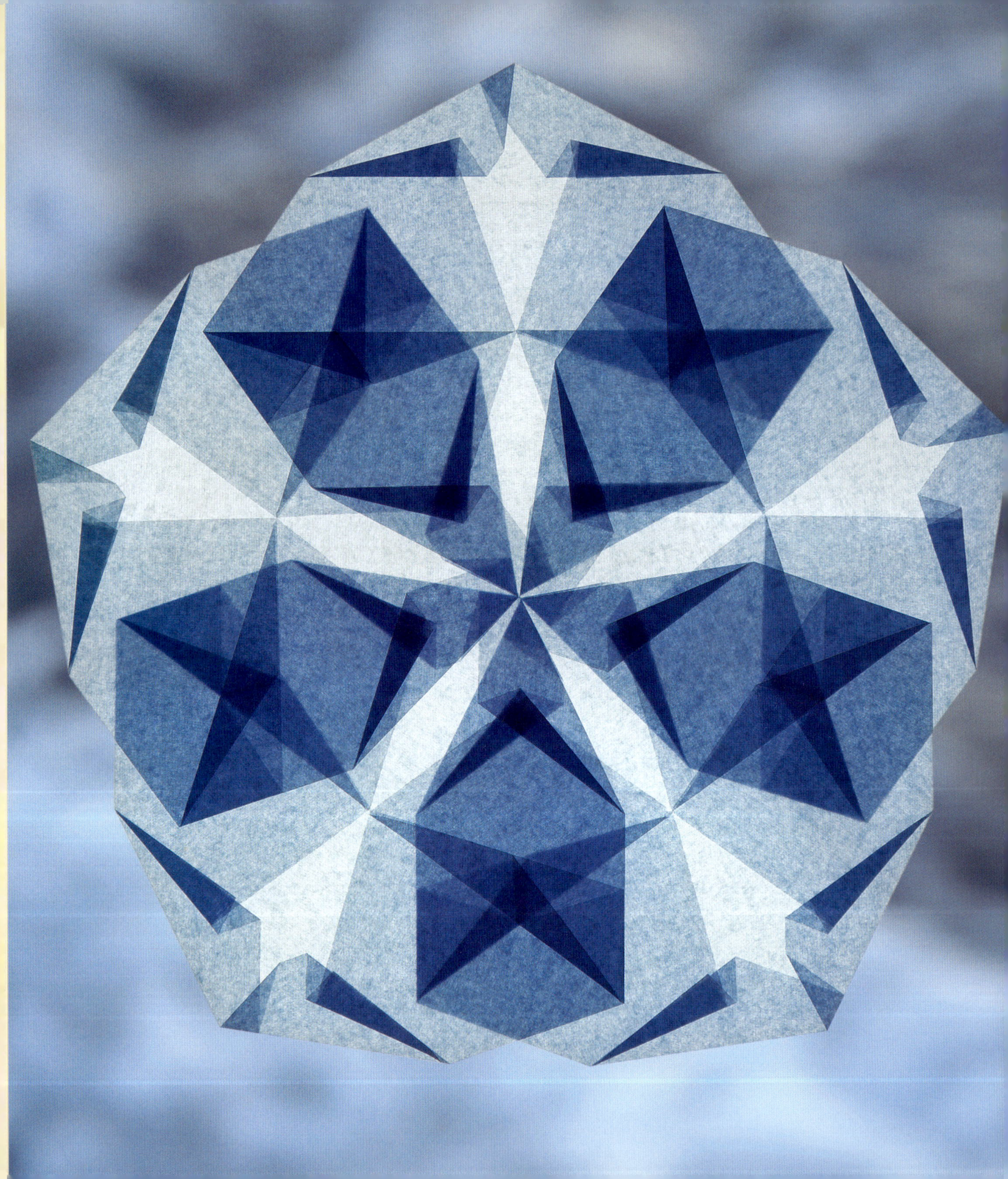

Blühender Stern **

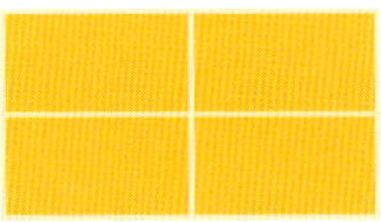

Fünfstrahlig
Ø 36,6 cm, Schnitt 3
Ø 26,2 cm, Schnitt 2
Ø 15 cm, Schnitt 1

Wie ewig blühend offenbart sich hier eine erstarrte Blüte in ihrer Kristallfassung.

Ein eisblaues, strohgelbes oder hellrosa Seidenpapier lassen die kleine innere Blüte im Zentrum am besten hervortreten. Besonders wirkungsvoll zeichnet sich dann auch der feine Innenkreis aus.

Sie können das Seidenpapier mit dem Schwämmchen leicht entfärben, um eine feine Marmorierung zu erzielen. Aber auch bei naturbelassener Farbe bleiben die Kontraste intensiv.

Nehmen Sie fünf Rechtecke nach dem Schnitt 1, 2 oder 3.

Abb. 1: Bilden Sie die zwei Mittellinien. Legen und kleben Sie die oberen Winkel an den Mittelpunkt.

Abb. 2: Das Gleiche für die unteren Winkel. Verwenden Sie aber hier äußerst wenig Klebestoff.

Abb. 3: Zwei Vorbereitungsfalten – legen Sie untere und obere Kanten auf den Mittelpunkt und öffnen Sie die Falten wieder.

Abb. 4–5: Dann setzen Sie denselben Faltprozess wie für die «Aurikelblüte» mit den «Trichterfalten» fort, jedoch nicht in

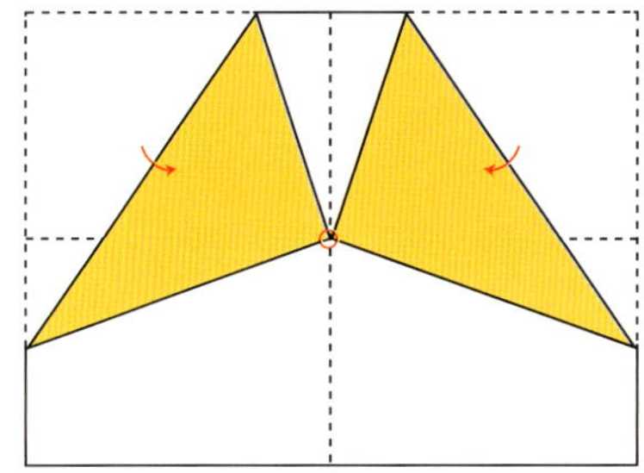

1

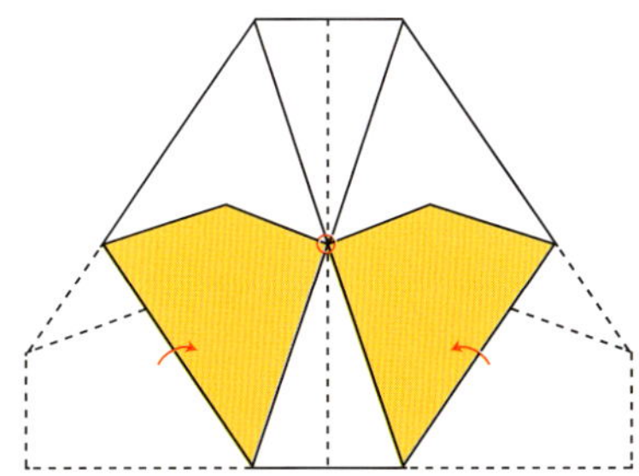

2

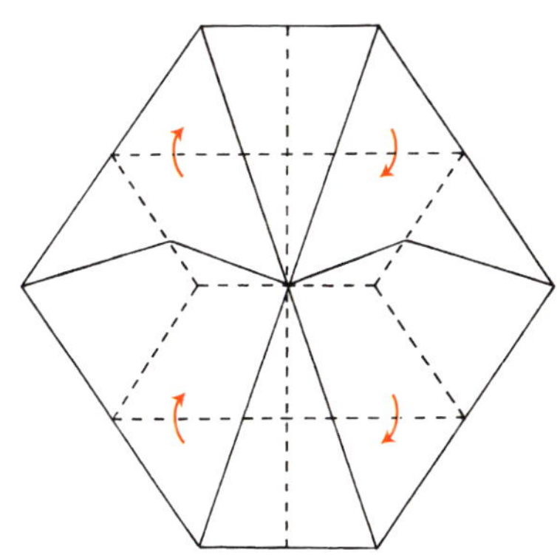

3

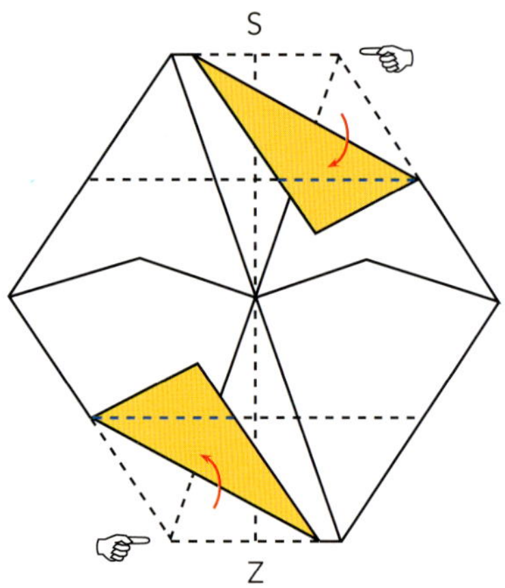

4

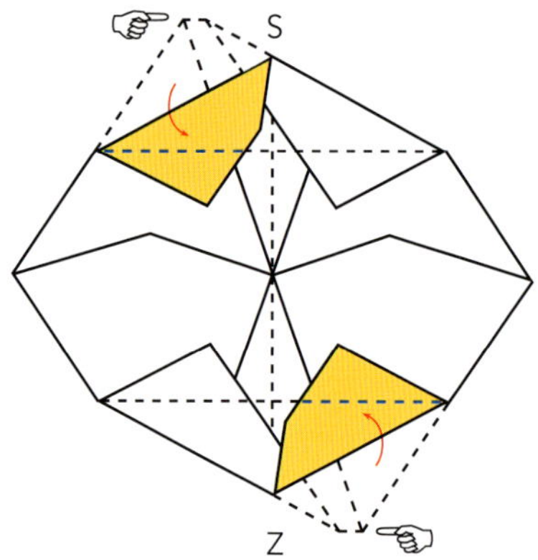

5

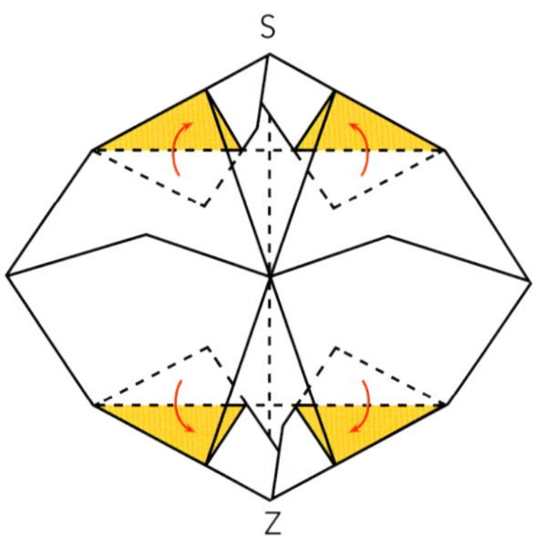

6

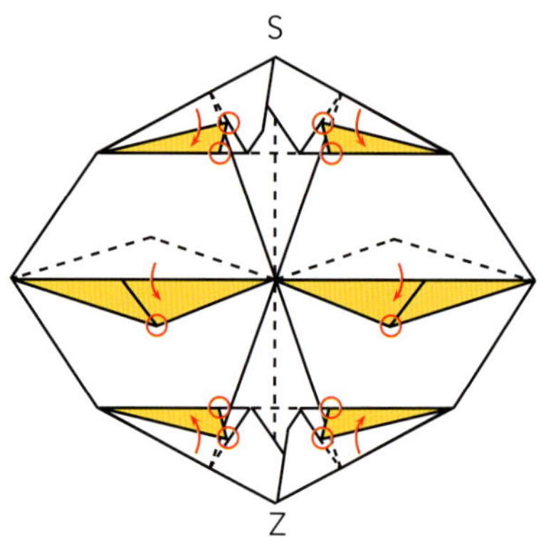

7

der gleichen Reihenfolge, so wie die Zeichnungen es veranschaulichen. Hier liegt das Zentrum (Z) unten.
Abb. 6: Knicken Sie die vier Ecken auf ihre Außenkanten zurück.
Abb. 7: Diese Ecken weiter zurückknicken. Die zwei mittleren Winkel so nach unten legen, dass ihre Basiskanten eine Horizontallinie bilden. Die zehn Klebepunkte anbringen.

Nehmen Sie für das Zusammensetzen das fünfstrahlige Diagramm. (siehe Grundanleitung, Seite 24) Achten Sie darauf, dass die mittleren Innenwinkel nach unten gerichtet sein müssen.

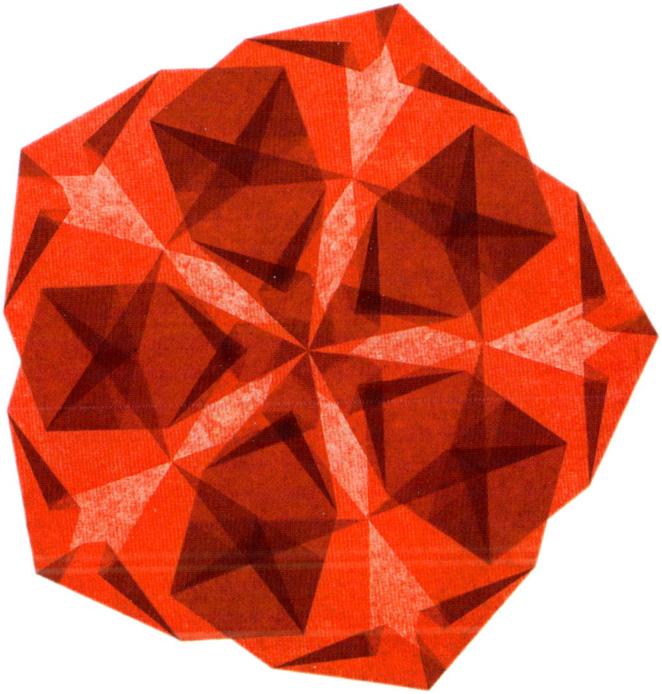

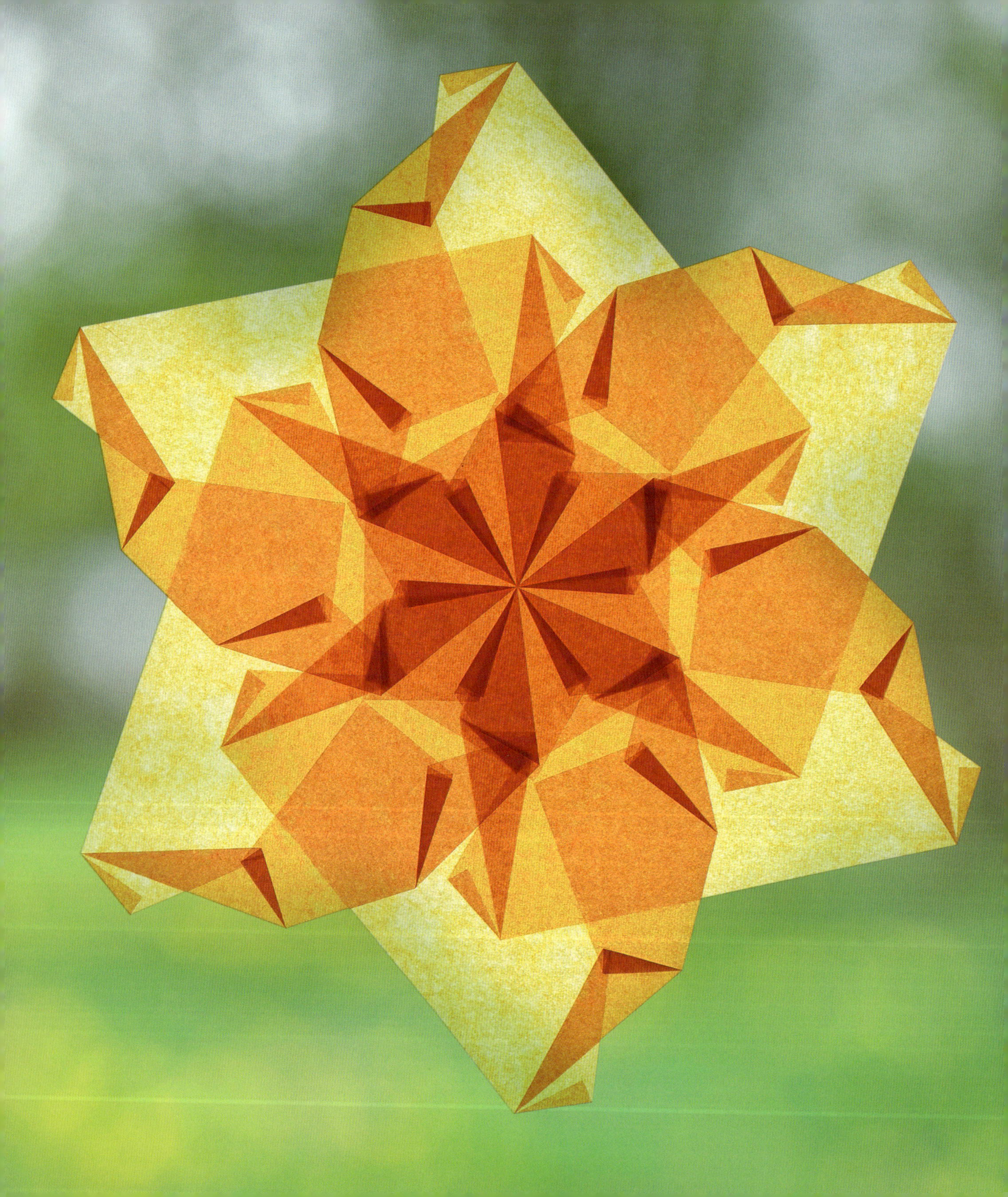

Dornenblume ***

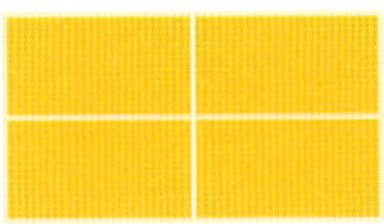

Sechsstrahlig
Ø 40 cm, Schnitt 3
Ø 29 cm, Schnitt 2
Ø 20 cm, Schnitt 1

Hier und da verstreut begleiten und beleben lauter hervorstechende Pfeile die leicht kreiselnde Bewegung des Transparents. Diese Dornenmotive vermitteln auch den Eindruck einer gerade sich öffnenden Blüte.

Für die aparte Struktur dieses Transparents passt jede helle Farbe. Sie können sogar mit einem hellbraunen Seidenpapier experimentieren, indem Sie vor dem Zuschnitt dieses Blatt auf eine gelbe Papierschicht legen und es unter leichtem Druck mit dem nassen Schwämmchen beliebig marmorieren. Die Falttechnik wird aus dem vorigen Transparent «Blühender Stern» entwickelt und weitergeführt. Nehmen Sie sechs rechteckige Schnitte, wie oben angegeben, und bilden die zwei Mittellinien. Dann mit dem gleichen Faltprozess von «Blühender Stern» (Seite 103) bis einschließlich Zeichnung 2 fortfahren, *jedoch ohne diese letzte Falte festzukleben.*
Abb. 1: Legen Sie jetzt Ihren Schnitt so, wie die Zeichnung es zeigt. Dann die untere Vorbereitungsfalte bilden und wieder öffnen. Legen Sie die ungeklebten oberen Flügel wieder frei.

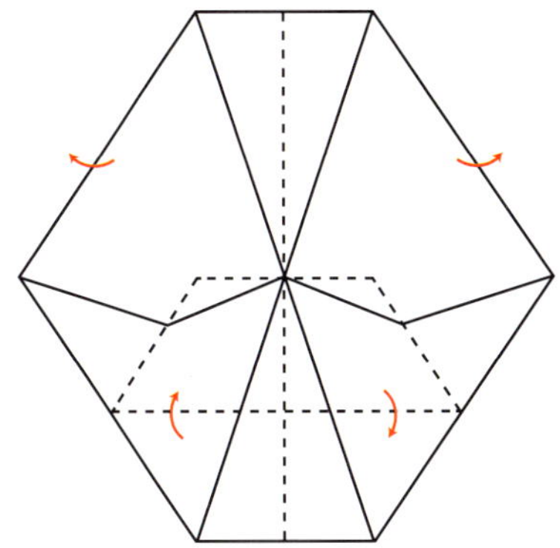

1

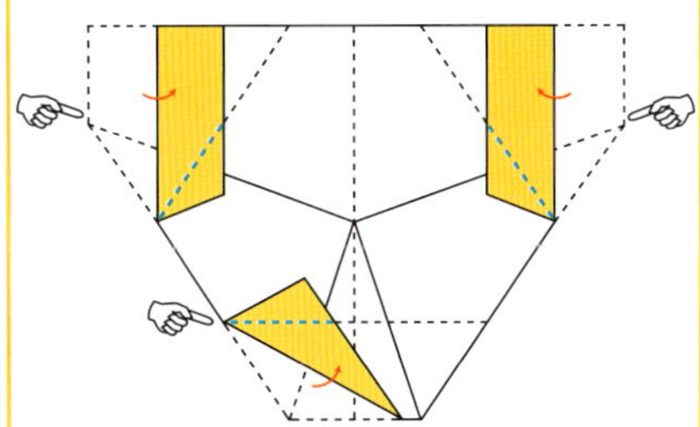

2

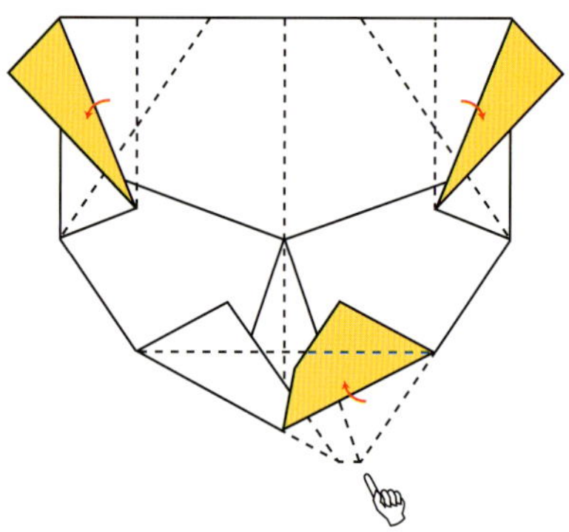

3

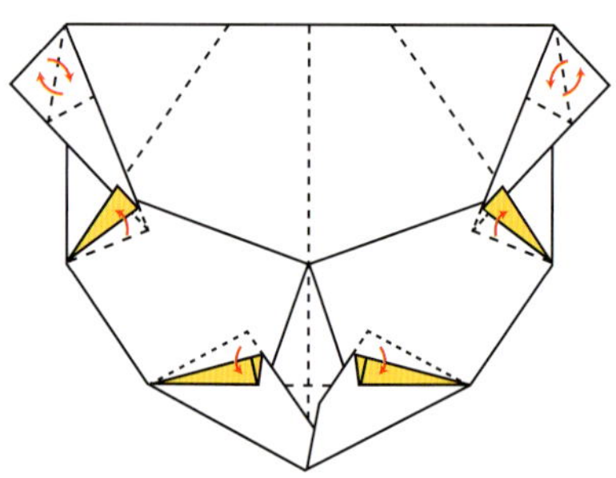

4

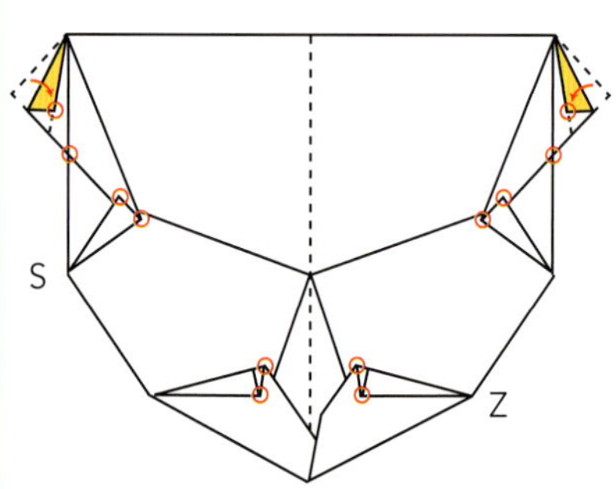

5

Abb. 2: Es folgen drei «Trichterfalten». Drücken Sie also leicht mit dem Zeigefinger auf die angezeigten Außenkanten, um sie exakt auf die daruntergelegene Hilfslinie flachzulegen. Im Übergang entsteht eine Art Trichterform. Darauf achten, dass die untere Papierschicht nicht wegrutscht. Die so versetzten alten Kanten bilden dann jeweils eine fortlaufende Linie mit der entsprechenden Hilfslinie (blau punktiert).
Abb. 3: Bilden Sie unten rechts mit dem gleichen Faltprozess die letzte «Trichterfalte». Knicken Sie die zwei oberen Winkel der Zeichnung entsprechend zurück.
Abb. 4: Die vier Pfeilchen gestalten Sie jetzt, indem Sie die kleinen Innenkanten auf die Hilfslinien zurückknicken. Nicht vergessen: die zwei Vorbereitungsfalten an den oberen Ecken!
Abb. 5: Die zwei letzten Pfeilchen bilden und alle Klebepunkte anbringen.

Das Zusammensetzen erfolgt mit dem sechsstrahligen Diagramm (siehe Grundanleitung, Seite 24). Achten Sie darauf, dass in diesem Fall das Zentrum (Z) und die Spitze (S) eine ungewöhnliche Orientierungsachse haben, wie Sie es aus der Zeichnung entnehmen können.

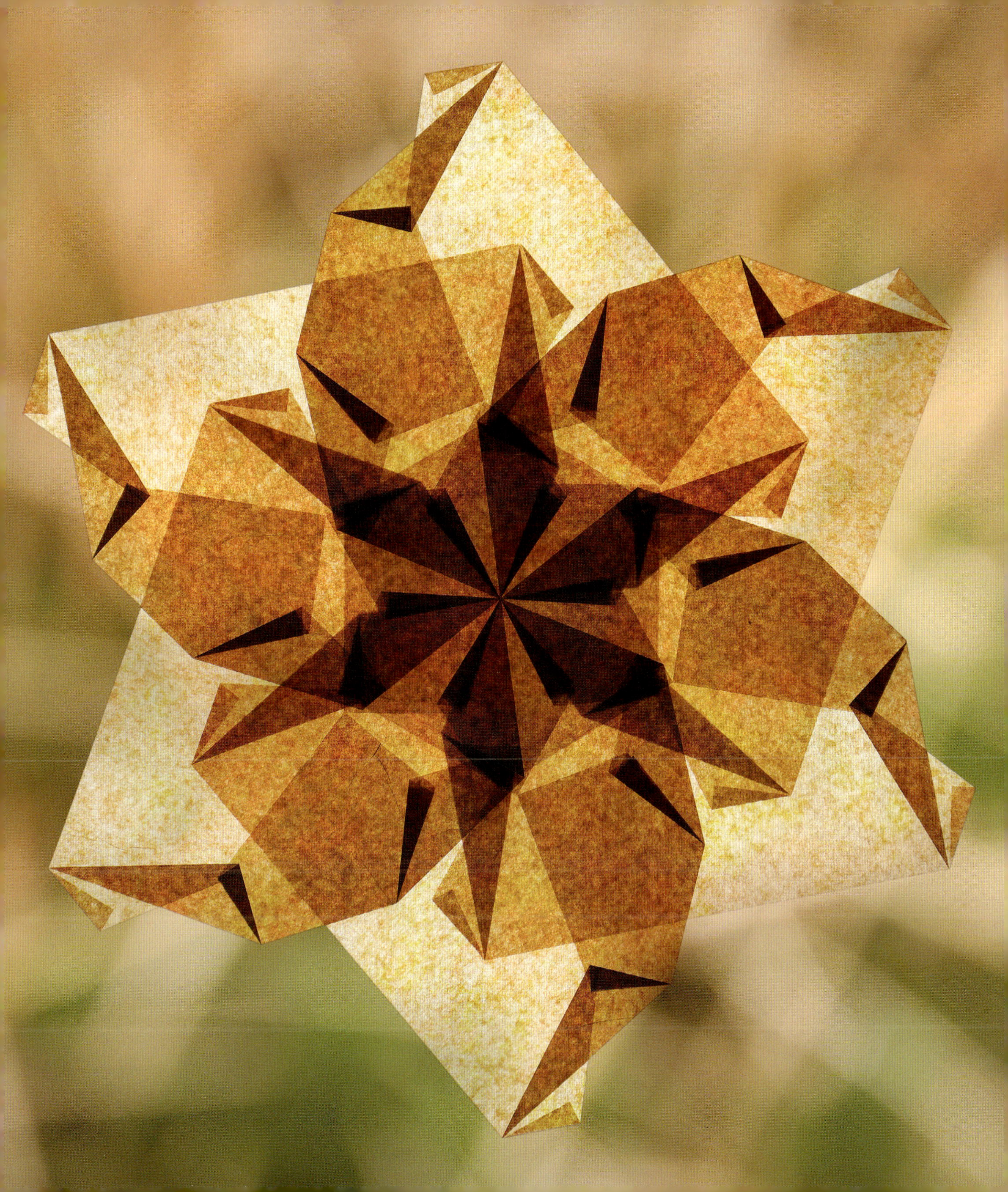

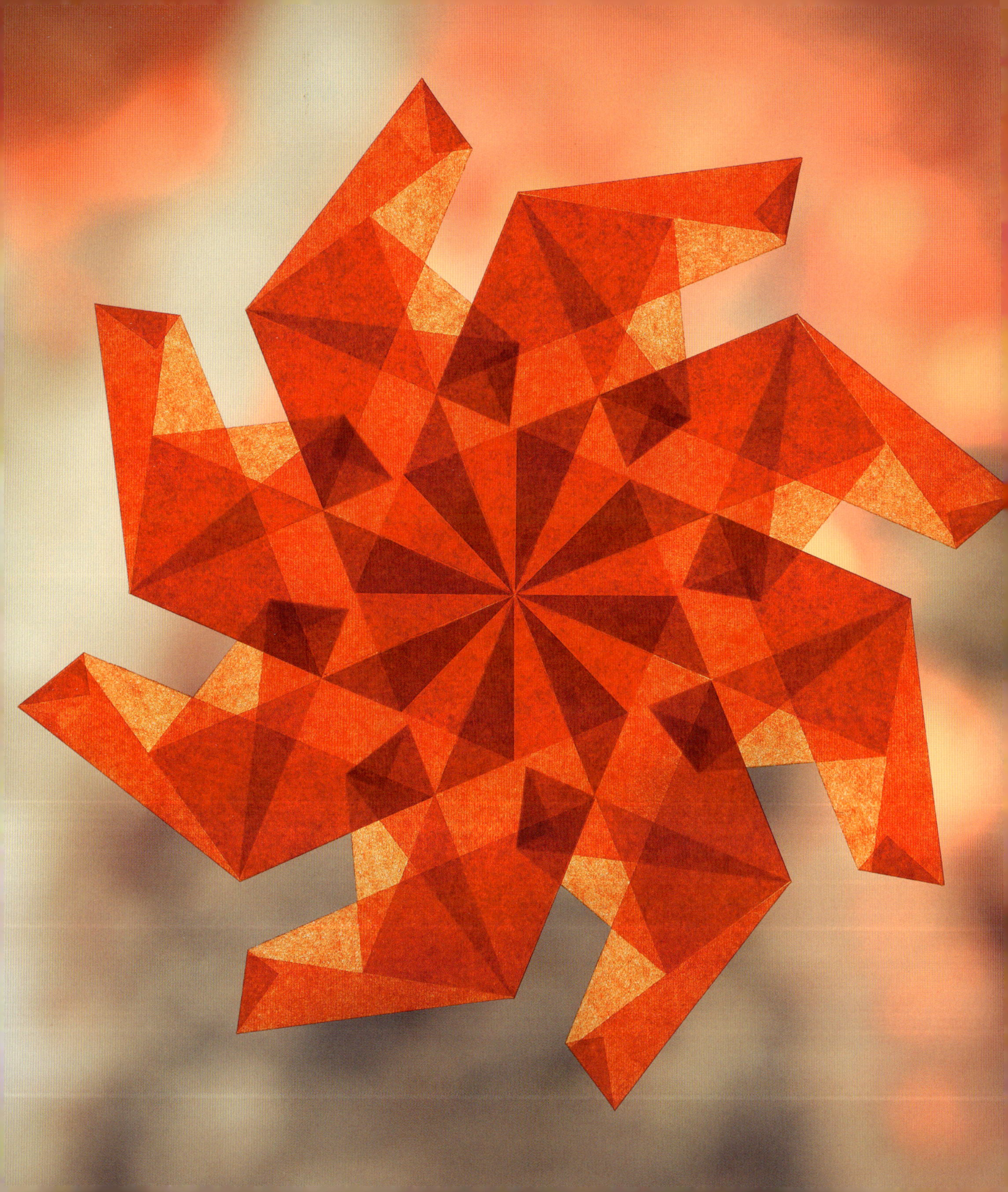

Strahlengeflecht ****

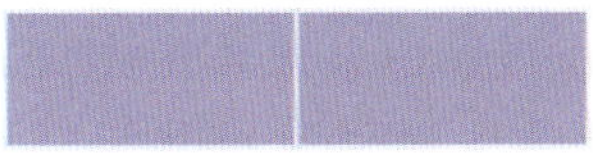

Achtstrahlig
Ø 40 cm, Schnitt 16
Ø 27,5 cm, Schnitt 15

Wie acht miteinander verwobene Strahlenbänder aus Seidenpapier sich zu einer saugenden Strudelbewegung entwickeln können ...

Um dieses luftige Sonnenrad zu verwirklichen, brauchen Sie acht lange Rechtecke nach Schnitt 15 oder 16.
Bilden Sie zuerst die senkrechte Mittellinie, indem Sie die Schnitte in je zwei Schnitte falten und wieder öffnen.
Abb. 1: Richten Sie die rechte Seite gegen die Mittellinie auf. *Drehen Sie dann den Schnitt um.*
Abb. 2: Wiederholen Sie dieselbe Falte auf der Rückseite. Mit einem Klebepunkt haften Sie, wie gezeigt die zwei Papierschichten des linken Teils an.
Abb. 3: Mit einer Rasierklinge die linke schräge Kante bis zum Zentrum (Z) vorsichtig aufschlitzen. Anschließend die frei gewordene oberste Ecke nach der Zeichnung falten und gleich mit den zwei Klebepunkten befestigen.
Sie können jetzt schon die acht gefalteten Schnitte zusammensetzen. *Zuvor aber alle Schnitte wieder auf die Vorderseite drehen, weil die eben gerade gefaltete Seite beim Zusammensetzen hinten sein muss* (siehe Grundanleitung, Seite 22).
Abb. 4: Die Zeichnung zeigt hier nur drei zusammengesetzte

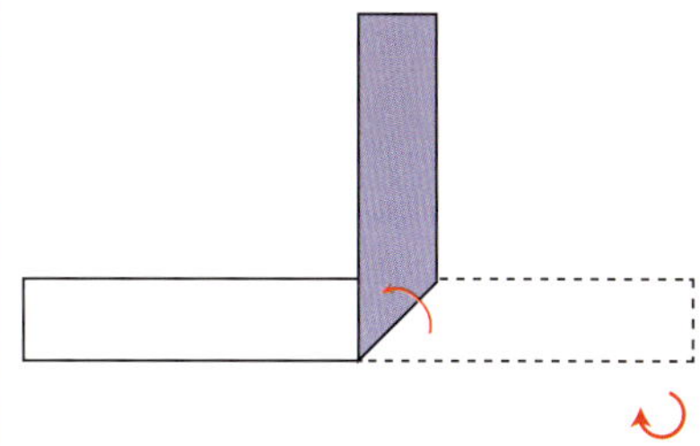

1

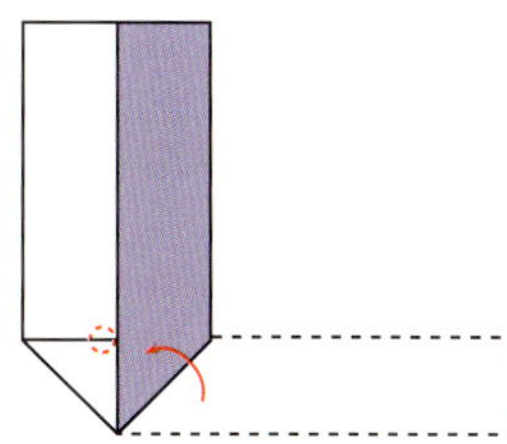

2

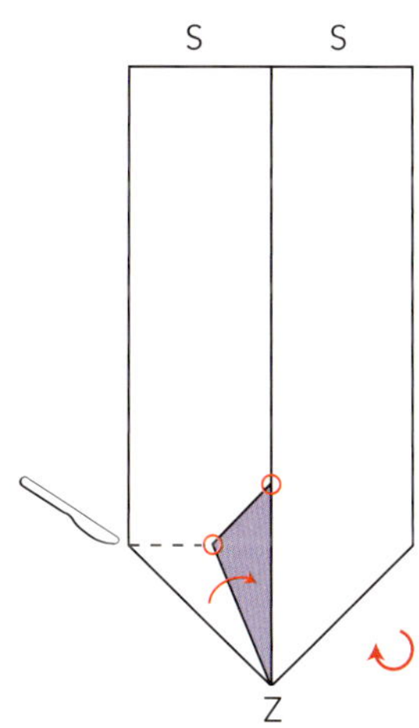

3

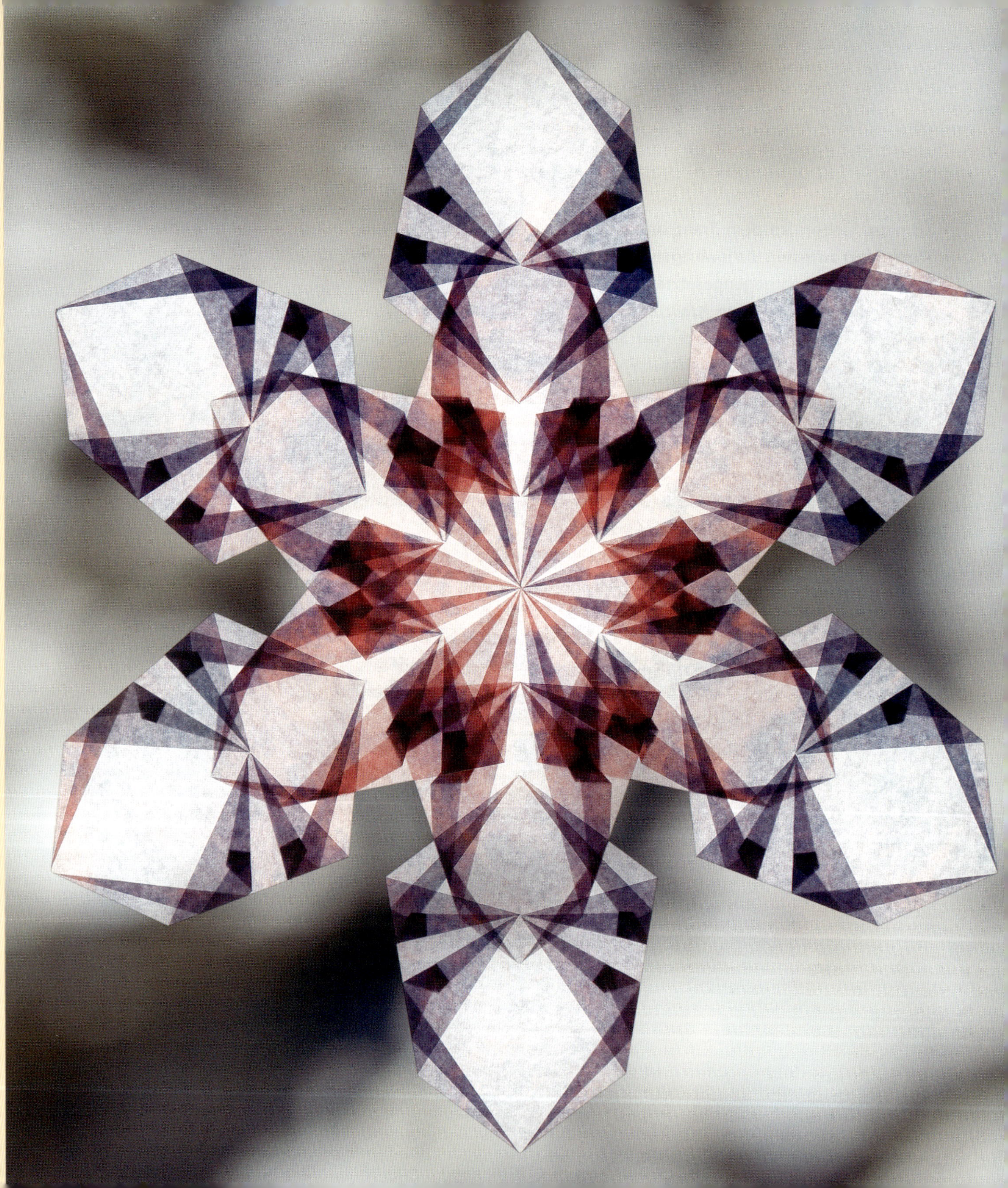

Ziselierter Kristall ***

Sechsstrahlig
Ø 36 cm, Schnitt 2
Ø 26 cm, Schnitt 1

Flugs vom Winterwind ans Fenster geweht: ein schön ziselierter Schneekristall zeigt seinen funkelnden Sternenschmuck. Zusätzlich zu den präzisen Konturen und den filigranen Splittereffekten zeigt sich im Mittelteil ein ruhiger, verschwimmender Kreis. Juwelierkunst aus Seidenpapier!

Mit einer kalten, hellen Farbe kommt das facettenreiche Ornament dieses Transparents richtig zur Geltung. Vor dem Zuschneiden können Sie das Seidenpapier mit dem nassen Pinsel tropfenartig behandeln. Oder Sie erzielen eine zweifarbige Wirkung, indem Sie z.B. ein rosa Blatt, das Sie für den Aufbau benutzen wollen, auf ein blaues Blatt legen und es mit dem feuchten Schwamm unregelmäßig durchtränken. Dann die stark bläulich gefärbten Schnitte für die sechs äußeren Spitzen und die naturbelassenen Schnitte für den sechsteiligen Innensockel verwenden (siehe Angaben Seite 14).
Nehmen Sie zwölf Rechtecke nach Schnitt 1 oder 2 und bilden zuerst die vertikale Mittellinie. Den Schnitt öffnen und in die Länge für die horizontale Mittellinie falten. *Aber nicht wieder öffnen! Denn hier bleibt der Schnitt vorerst bis zum Schritt 7 doppelt gefaltet.*
Abb. 1: Von der oberen Schicht die zwei Flügel nach unten falten. Die inneren Schrägkanten müssen dabei ganz exakt oben auf der Mittellinie enden.

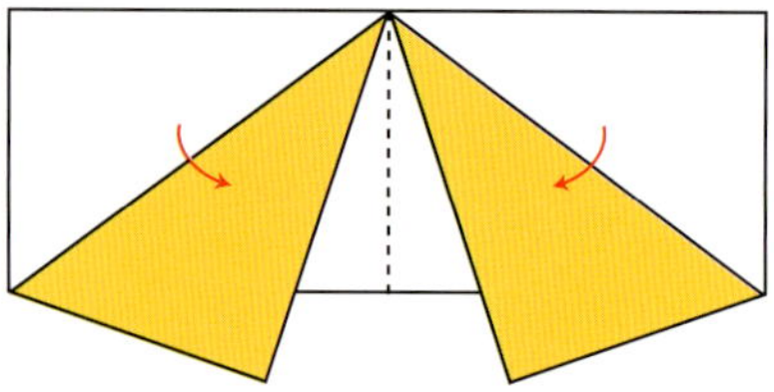

1

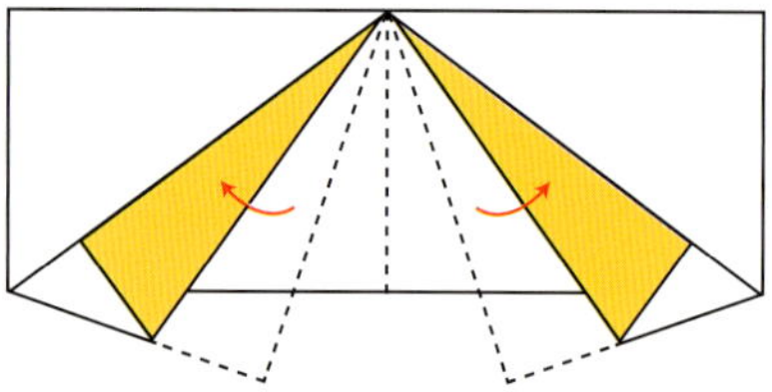

2

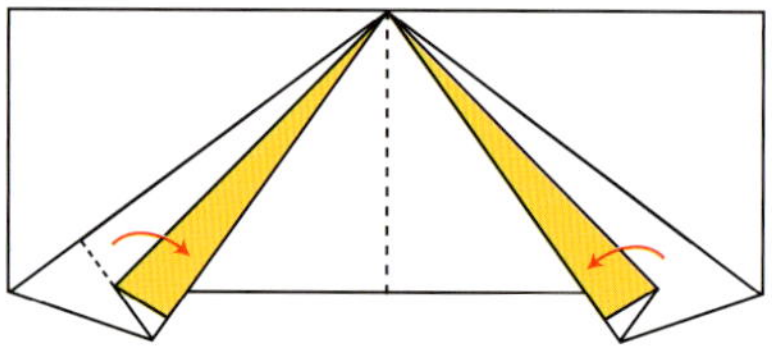

3

Abb. 2–3: Nach den Zeichnungen weiter falten.
Abb. 4: Falten und kleben Sie die zwei unteren Eckchen, *ohne die hintere Schicht mitzukleben.*
Abb. 5–6: Fahren Sie anhand der Zeichnungen fort. Kleben. *Dann den Schnitt umdrehen und die Schritte 1 bis 6 genauso für die andere Schicht wiederholen.*
Abb. 7: Öffnen Sie jetzt den Schnitt. Bilden Sie anschließend die Vorbereitungsfalte am Zentrum (Z), indem Sie seinen Winkel auf den Mittelpunkt legen. Wieder öffnen.
Abb. 8: Nehmen Sie nun sechs der bisher identisch gefalteten Schnitte, die Sie für den inneren Sockel bestimmen, und kleben Sie ihre Seitenflügel an den neuen Kreuzungspunkt fest.

Das Zusammensetzen der sechs Sockelteile

Sie können mit dem sechsstrahligen Diagramm das Innere des Kristalls gleich anfertigen (siehe Grundanleitung, Seite 24).

Falten der sechs Spitzen

Abb. 9: Für die übrigen Schnitte eine neue Vorbereitungsfalte bilden. Dabei diesmal die Spitze (S) auf den unteren Kreuzungspunkt der Hilfslinien legen und wieder öffnen. *Drehen Sie jetzt den Schnitt so um, dass die Spitze (S) zum Zentrum (Z) wird und umgekehrt.*
Abb. 10: Die Seitenflügel am neu entstandenen Kreuzungspunkt festkleben.
Abb. 11: Die sechs Spitzen auf dem Kristallsockel befestigen. *Achten Sie bei diesem Zusammenfügen darauf, dass keine Verwechslung zwischen (Z) und (S) vorkommt!* Das (Z) zeigt immer den breiteren Basiswinkel. Als Stützpunkte dienen hier beide Kreuzungspunkte der Mittellinien. Abschließend das Gebilde etwas befestigen.

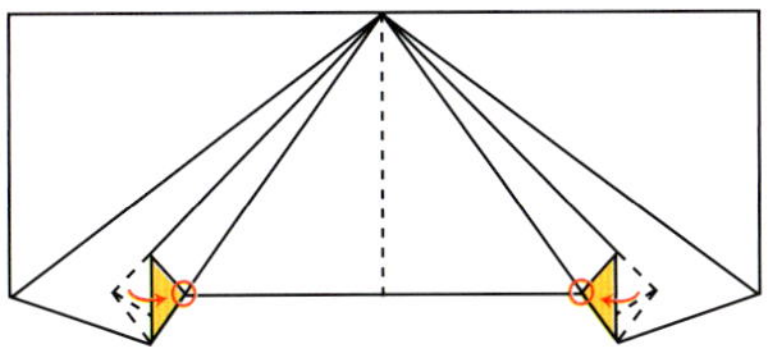

4

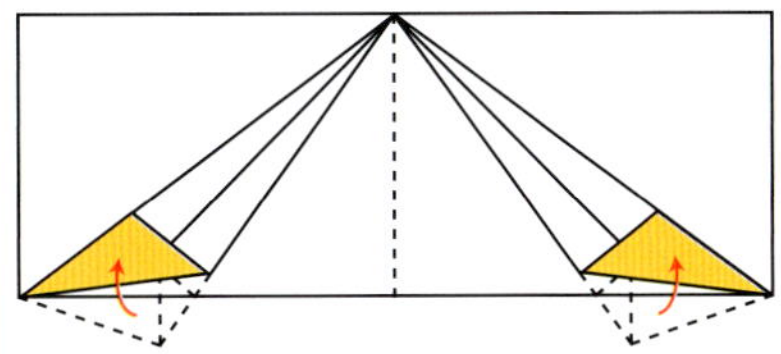

5

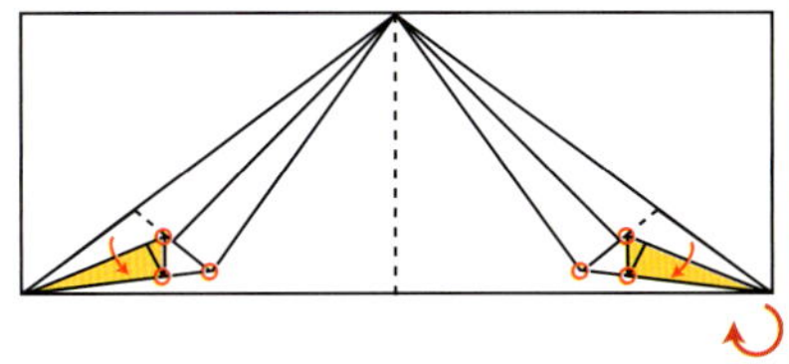

6

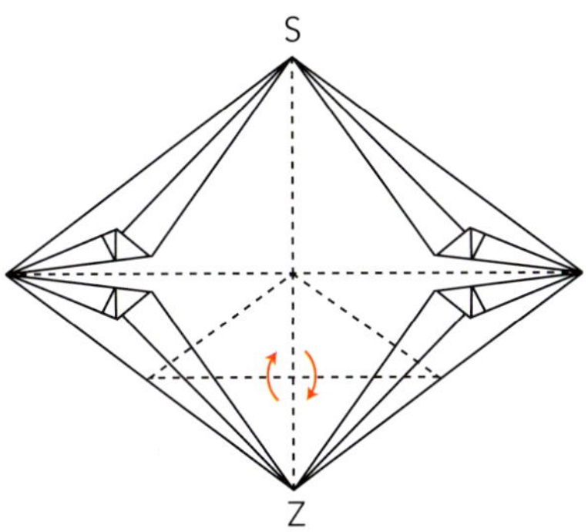

7

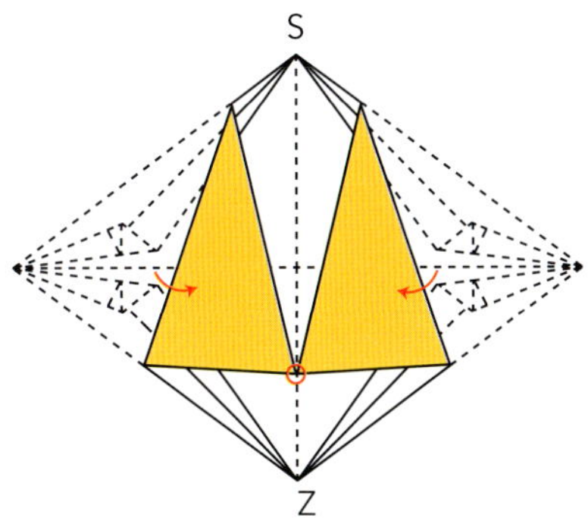

8

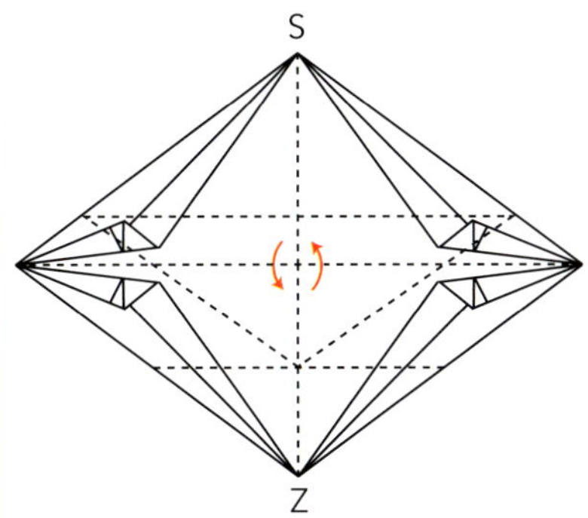

9

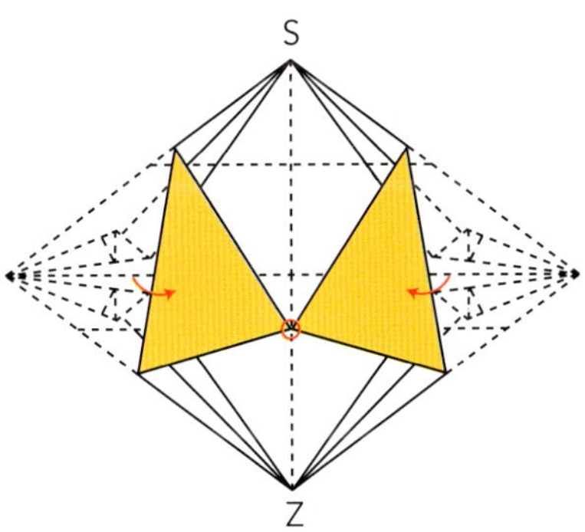

10

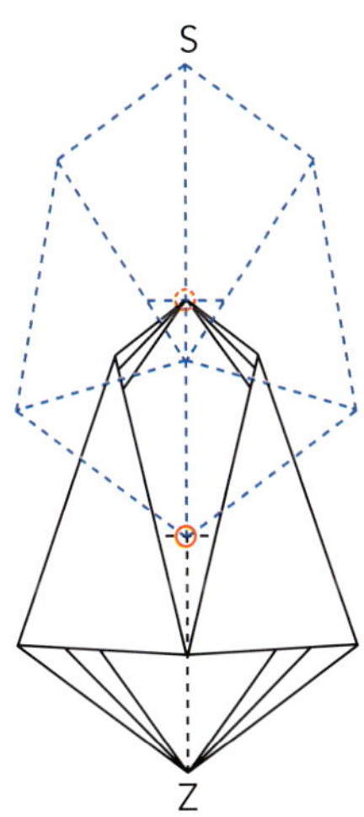

11

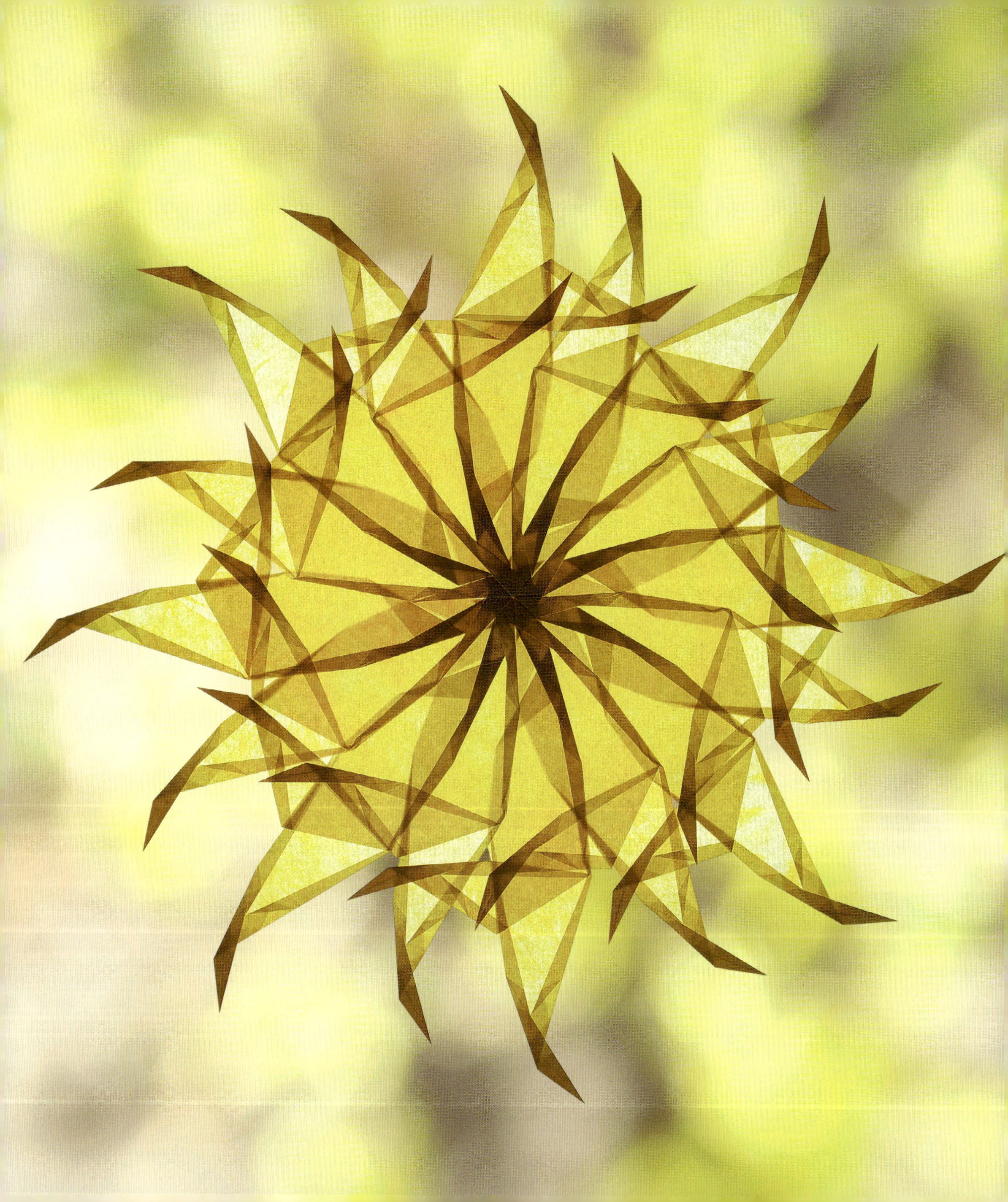

Chrysantheme ***

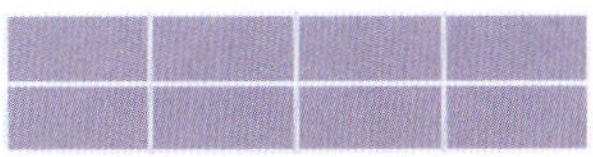

Sechzehnstrahlig
Ø 50 cm, Schnitt 16
Ø 34 cm, Schnitt 15

Diese luftige Blüte mit Blättern, die an Mühlenflügel erinnern, ähnelt einer großen japanischen Chrysantheme. Bevor der Herbstwind die fein gegliederten Blätter wirbeln lässt, offenbart sie noch in der Stille des Gartens ihre lichte Eleganz.

Schneiden Sie sechzehn lange Rechtecke nach Schnitt 15 oder 16. Bilden Sie zuerst die horizontale Mittellinie und falten Sie dann zweimal in die Länge, um die drei kleinen Vertikallinien zu bekommen. Vor dem Öffnen fest kniffen, damit diese Linien deutlich bleiben (siehe die kleine obige Zeichnung).

Abb. 1–4: Führen Sie den gleichen Faltvorgang *für die beiden Schnittenden durch.* Helfen Sie sich dabei mit der Messerklinge, um die noch undifferenzierten (S)/(Z)-Spitzen perfekt zu gestalten.
Schließlich kleben Sie die zurückgeknickten Kanten fest.

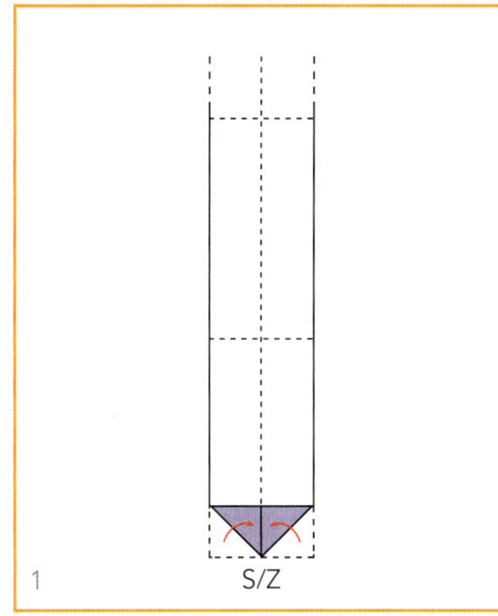

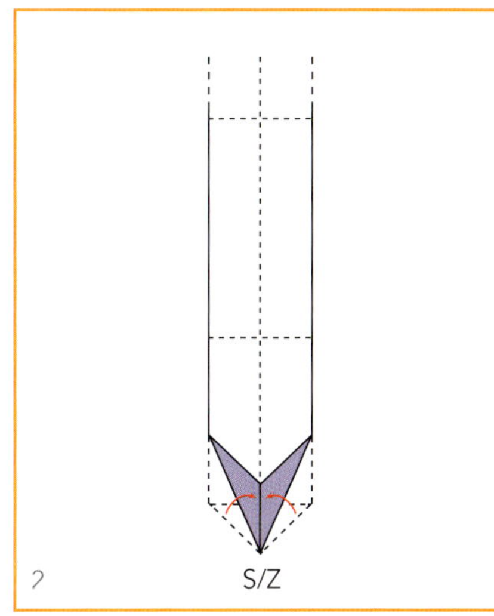

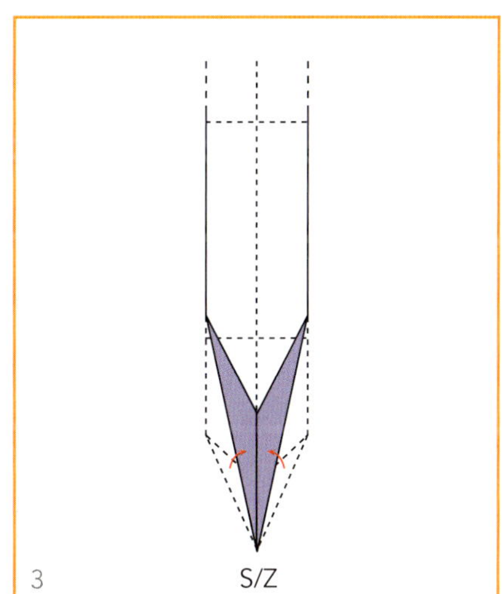

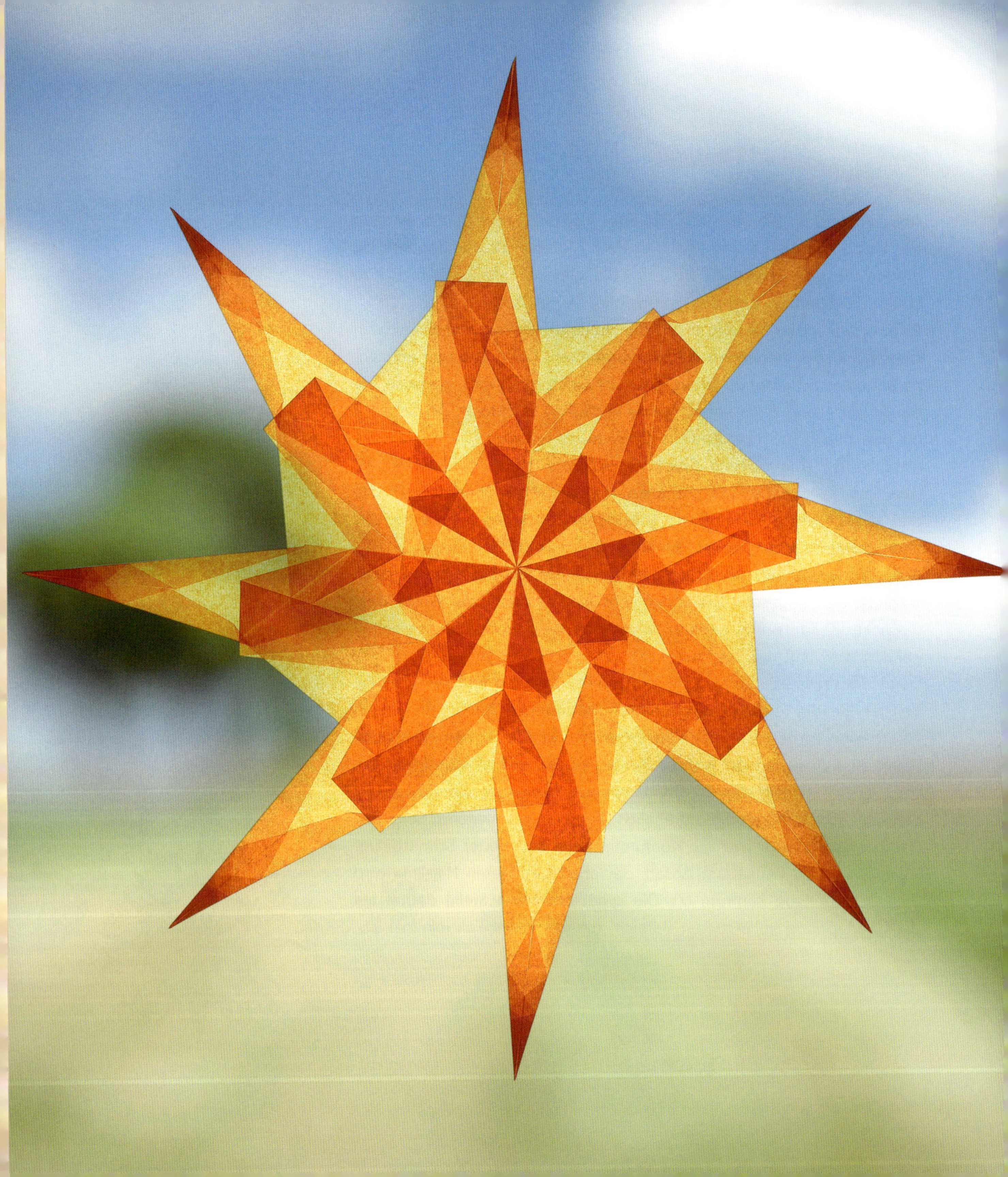

Sonnenherz ****

Achtstrahlig
Ø 50 cm, Schnitt 16
Ø 35 cm, Schnitt 15

Bei diesem Transparent erscheint eine leicht rotierende Hell-Dunkel-Dynamik, die durch ein besonderes Zusammenspiel von Ballen und Strecken zwischen den geraden Außenstrahlen und den nach innen zu gewendeten Strahlen verstärkt wird. Eine pulsierende Sonnenkraft am Himmel!

Nehmen Sie acht lange Rechtecke nach Schnitt 15 oder 16. Bilden Sie beide Mittellinien. Festkniffen, damit diese Hilfslinien deutlich bleiben.

Abb. 1–2: Die ersten Faltschritte gleichen denen von «Strahlengeflecht» (Seite 111). *Nach Schritt 1 nicht vergessen, den Schnitt umzudrehen!* Der Klebepunkt links ist wichtig.
Abb. 3: Die Innenkante der Spitze (S2) wird rechts herum auf die kleine untere Außenkante geknickt.

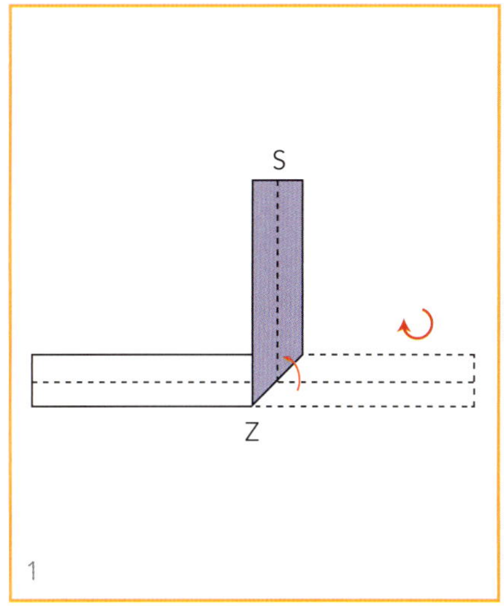

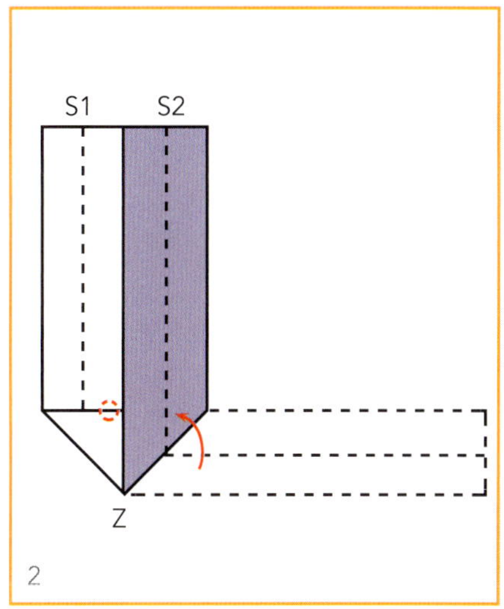

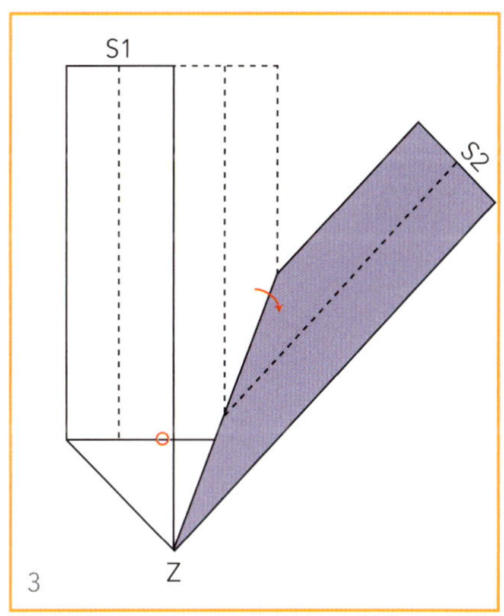

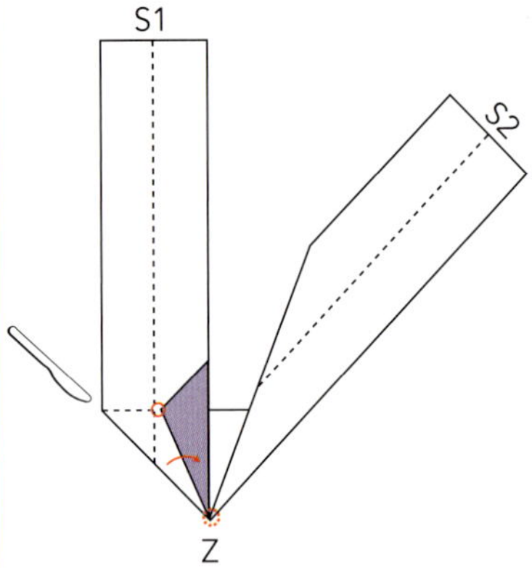

4

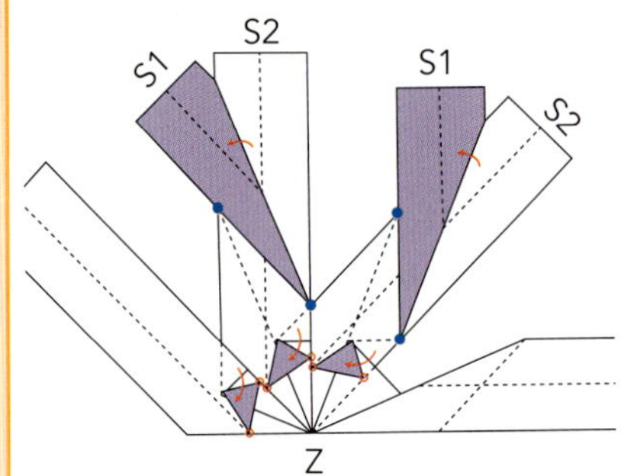

5

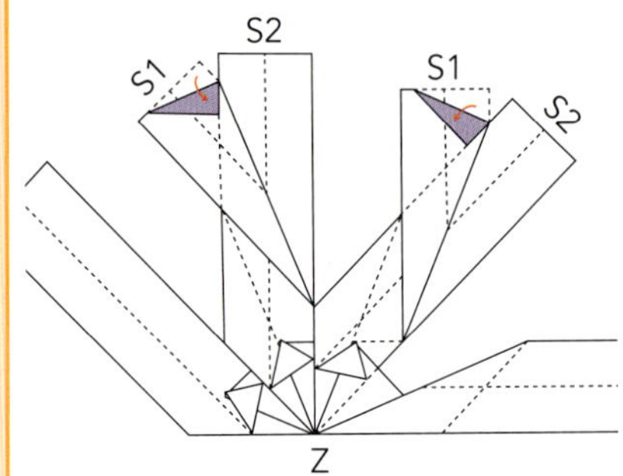

6

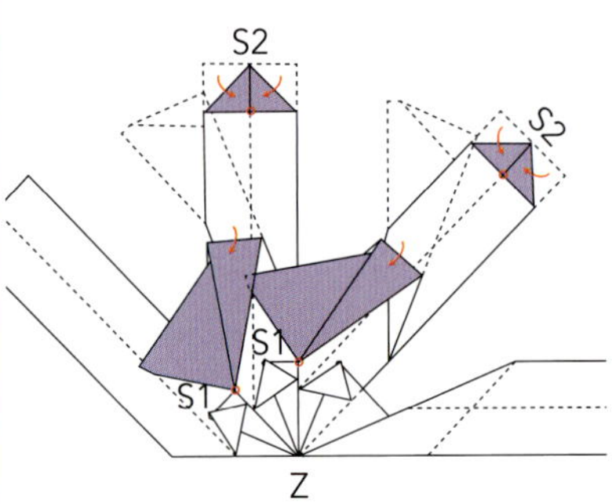

7

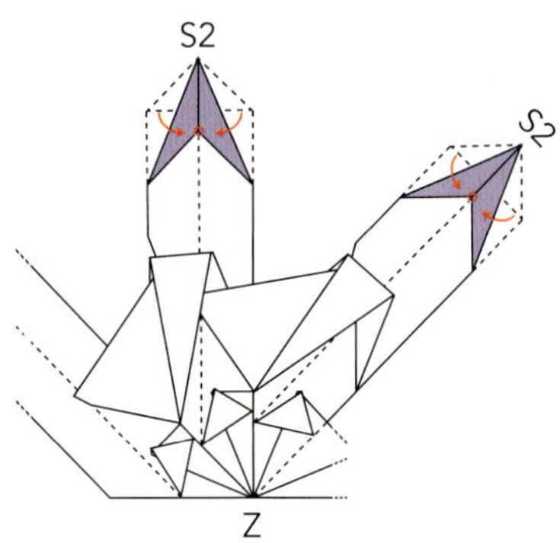

8

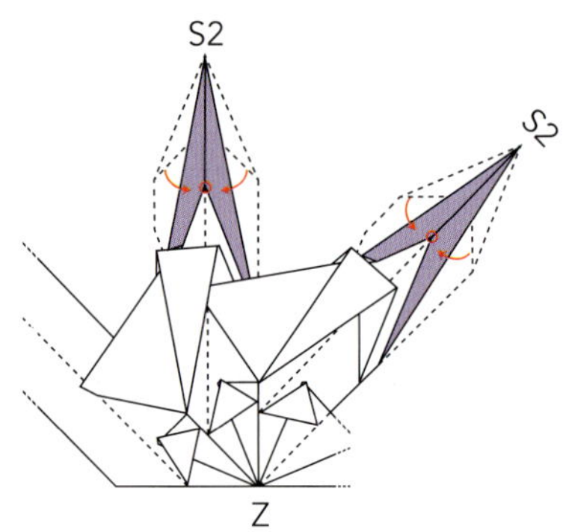

9

Abb. 4: Mit einer Rasierklinge die linke Schrägkante bis zum Zentrum (Z) vorsichtig aufschlitzen. Das frei gewordene Zentrum (Z) gleich mit einem Klebepunkt befestigen; anschließend nach der Zeichnung falten. Bringen Sie dann den zweiten Klebepunkt an.
Abb. 5: Jetzt die acht Schnitte zusammensetzen (siehe Grundanleitung Seite 22). Bei diesem Sonderfall liegen die Strahlen paarweise übereinander. Die Zeichnung zeigt nur das Zusammenkleben dreier Schnitte. Gehen Sie bei diesem Vorgang sorgfältig vor und verwenden Sie (wie bei der Montage von «Strahlengeflecht») die Plastikfolie als drehende Unterlage, damit die Strahlenpaare des lockeren Gebildes exakt übereinander bleiben.
Dann die losen Winkel vom Zentrumsbereich nach links zurückknicken, bis sie den Ansatzpunkt der Mittellinie erreichen. Kleben.
Jetzt die oberen Strahlen (S1) zurückfalten, sodass einerseits der untere Spitzenwinkel die Kreuzung der Strahlen erreicht und andererseits die linke Kante auf den durchschimmernden Winkel des verdeckten Strahls (S2) ruhen muss. (Die blauen Punkte auf der Zeichnung zeigen diese Stellen.)
Abb. 6: Die Eckchen der obersten Strahlen (S1) werden auf die jeweiligen durchschimmernden Kanten zurückgeknickt.
Abb. 7: Klappen Sie jetzt diese Strahlen (S1) so zum Zentrum hin zurück, wie die Zeichnung es zeigt. Kleben. Dann falten Sie die anderen Spitzen (S2). Kleben.
Abb. 8–9: Falten und kleben Sie die Strahlenspitzen (S2) fertig. Zum Schluss am Sonnengebilde weitere Befestigungspünktchen oder Klebestriche anbringen, wo es sich als nötig erweist.

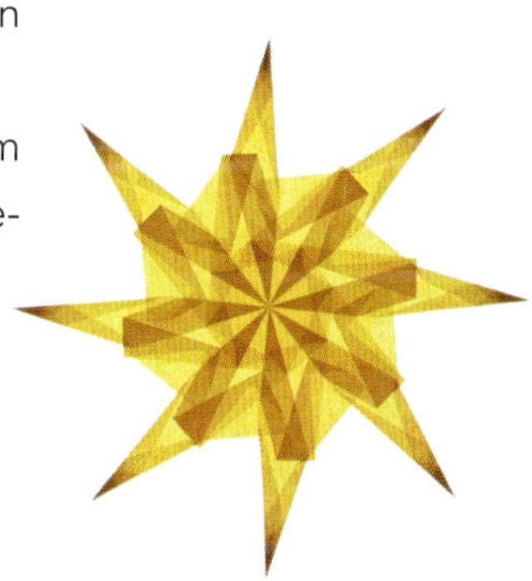

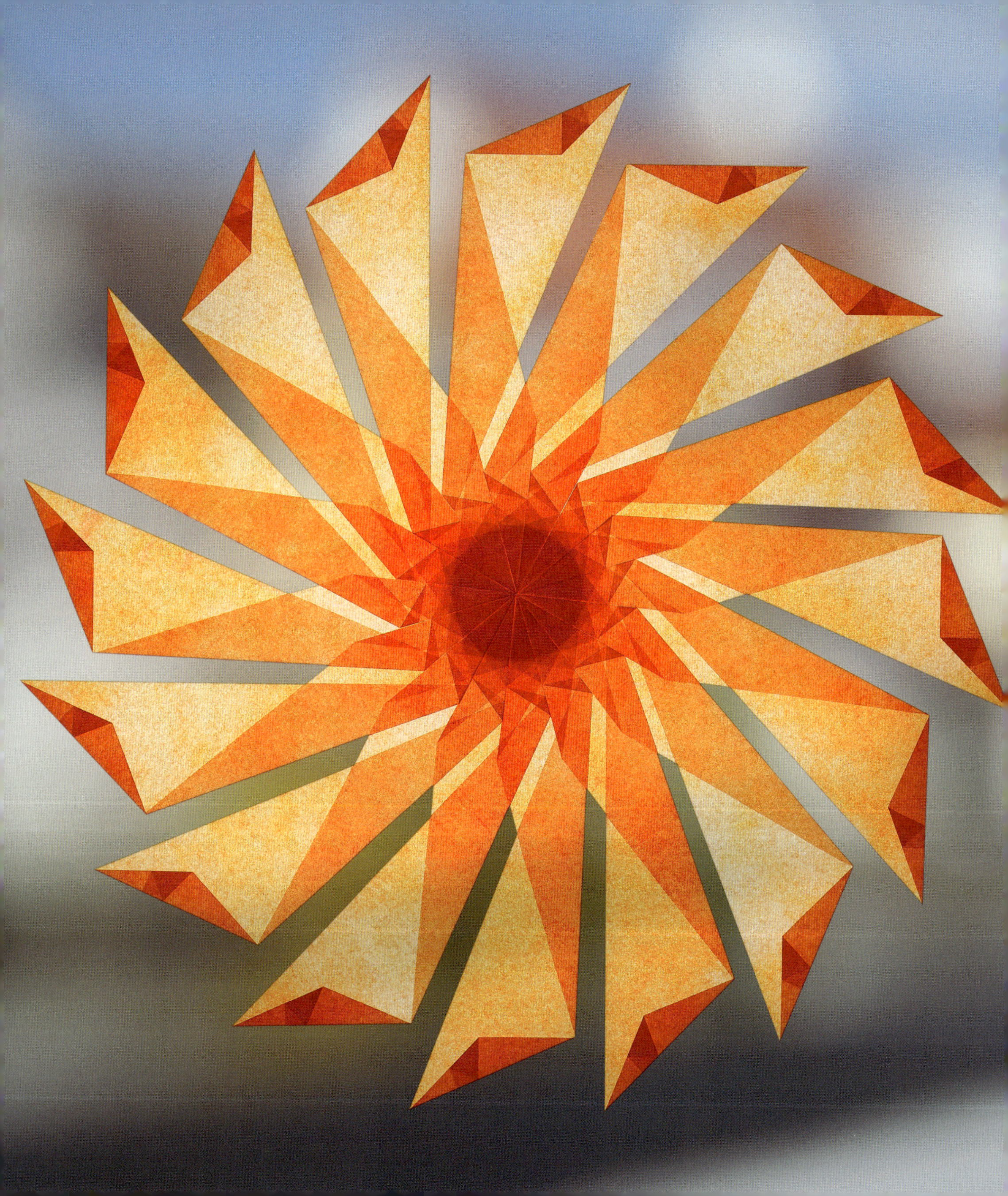

Windrad ***

Sechzehnstrahlig
Ø 45,5 cm, Schnitt 16
Ø 32 cm, Schnitt 15

Dieses sich langsam drehende Radmotiv regt je nach ausgesuchter Farbe die Fantasie des Betrachters an, innerlich mit dem Wärmeelement, der Luft oder dem Wasser mitzuspielen.

Nimmt man eine warme Seidenpapierfarbe, so lässt sich eher ein Sonnenrad hervorzaubern. Mit einem kühleren Farbton erlebt man mehr das Wasser- oder das Luftrad. Wichtig ist, dass die Farbe nicht zu dunkel ist, damit dieses Erlebnis der leichten, rollenden Treibkraft noch wirksam bleibt.

Nehmen Sie acht längliche Rechtecke nach Schnitt 15 oder 16. *Halbieren Sie diese Schnitte*, damit Sie sechzehn Bänder (von 17,5 cm Länge auf 4,16 cm Breite für die Schnittgröße 15 oder von 25 cm Länge auf 5,8 cm Breite für die Schnittgröße 16) bekommen. Bilden Sie dann die lange Mittellinie.

Abb. 1–3: Falten Sie zuerst die Spitze (S) wie gezeigt. Kleben. *Drehen Sie danach den Schnitt um.*

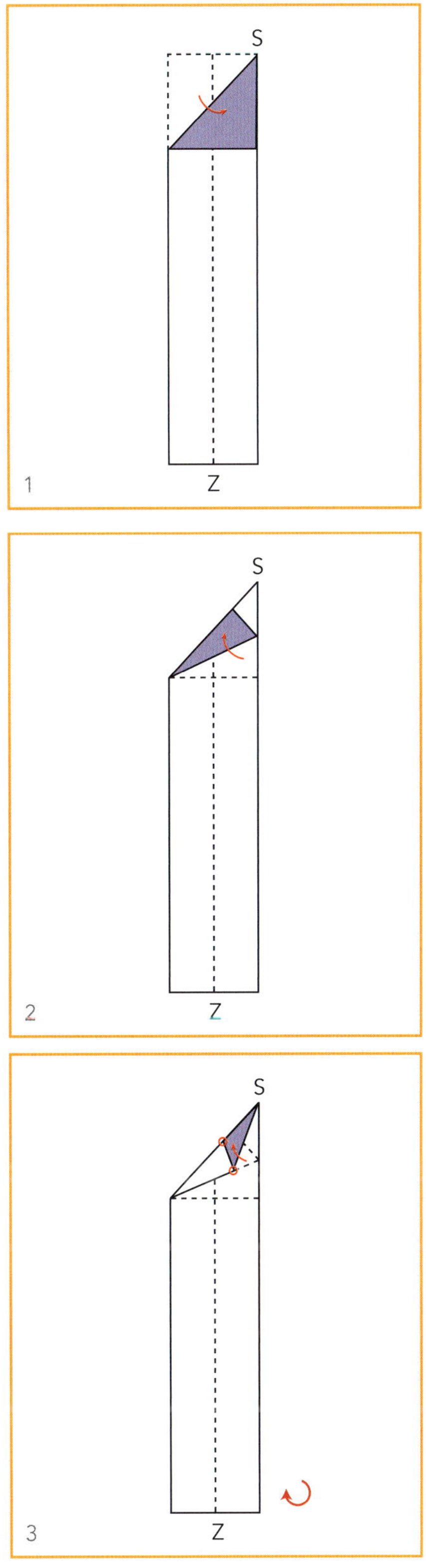

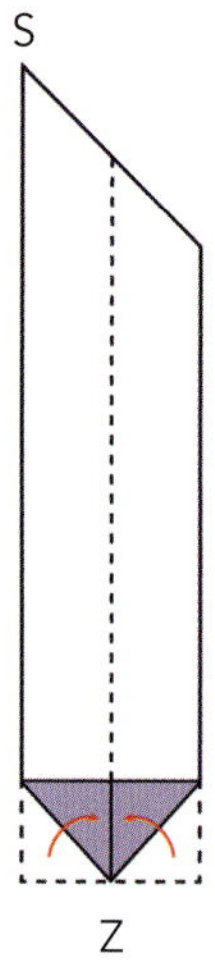

4

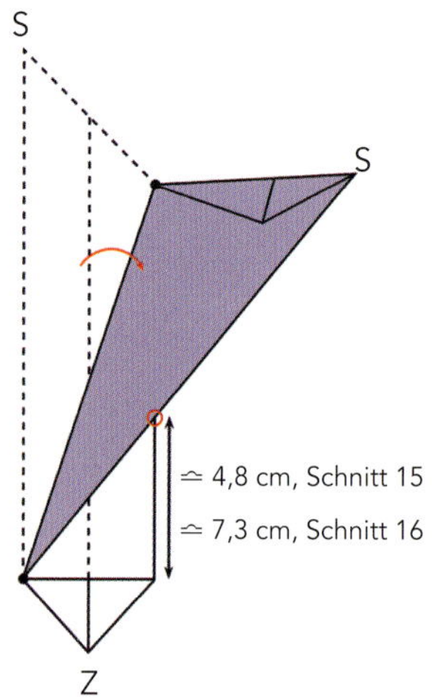

5

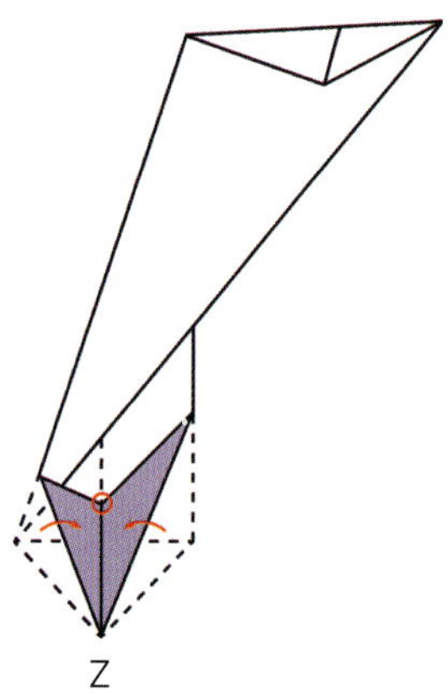

6

Abb. 4: Weiter nach der Zeichnung falten.
Abb. 5: Jetzt kommt die Drehung: Mit der rechten Hand das Zentrum (Z) festhalten und mit der linken Hand die Spitze (S) so nach oben rechts umknicken, dass ihre linke Kante die zwei entgegengesetzten Ecken von (Z) und von (S) trifft, ohne diese zu überschreiten (mit zwei Punkten • auf der Zeichnung angedeutet). Wenn Sie ein flaches Lineal quer auf den Schnitt zwischen diesen Punkten legen, können Sie auch diese Falte schnell und sauber bilden.
Um ein regelmäßiges und damit harmonisches drehendes Rad zu bekommen, ist es ratsam, den gleichen Abstand bei der rechten Kante der einzelnen Strahlen zu prüfen (siehe Pfeilangaben auf der Zeichnung) und dementsprechend die Faltung eventuell zu verbessern. Erst dann den Klebepunkt anbringen.
Abb. 6: Falten und kleben Sie das Zentrum (Z).

Das Zusammensetzen der sechzehn fertigen Schnitte erfolgt wie bei den achtstrahligen Transparenten (siehe Grundanleitung, Seite 22). Weil die Strahlen ganz weich sind, ist es notwendig, mit langen Klebstoffstrichen den mittleren Teil zu befestigen.
Bevor Sie das Wind- oder Sonnenrad ans Fenster kleben, müssen Sie hinter jeder Strahlenspitze die kurzen Klebefilmstreifen anbringen. Befestigen Sie dann Ihr Transparent so an der Scheibe, dass Sie erst von der Mitte ausgehen und dann die Strahlen im Kreis herum gleichmäßig ordnen.

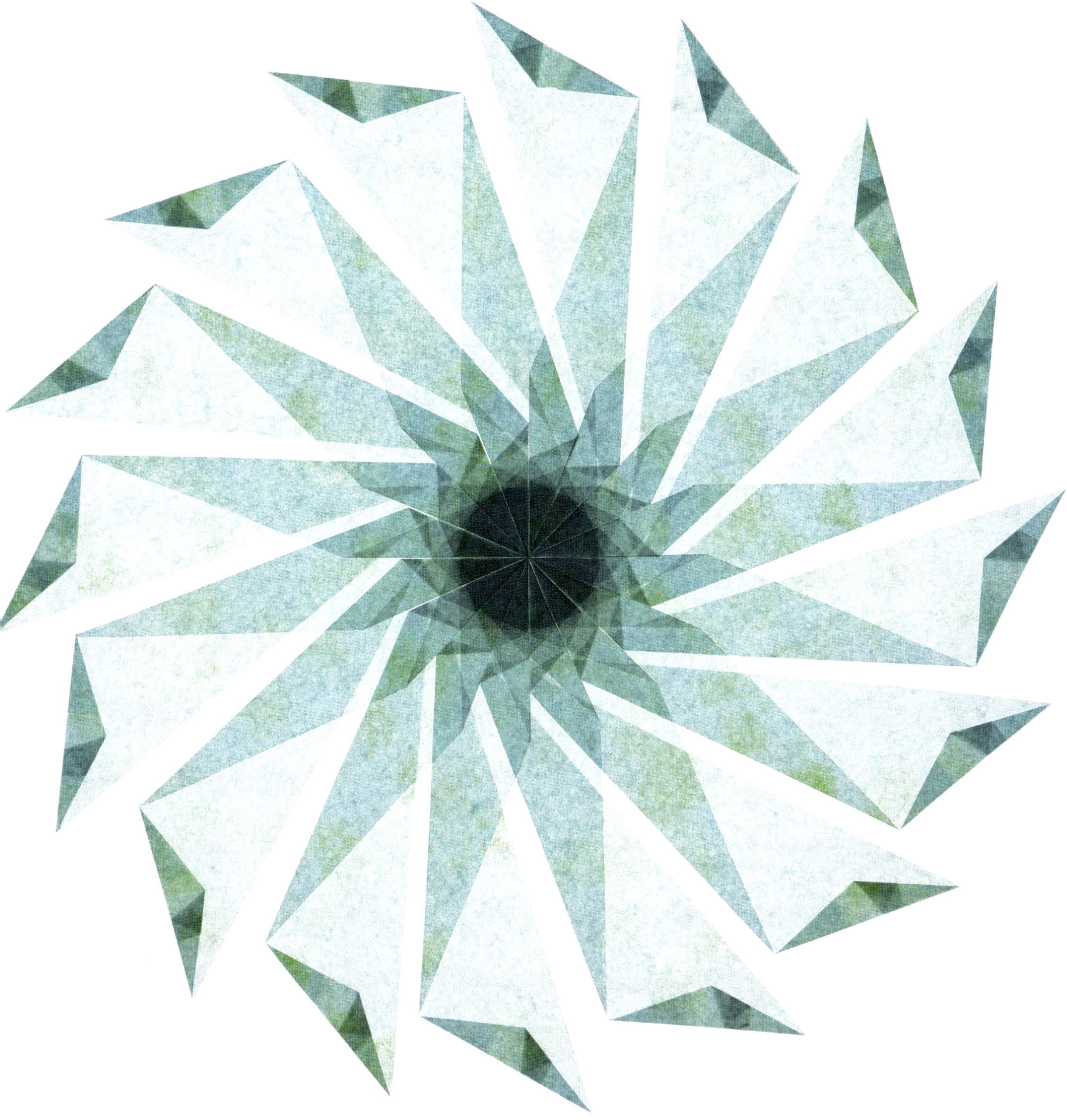

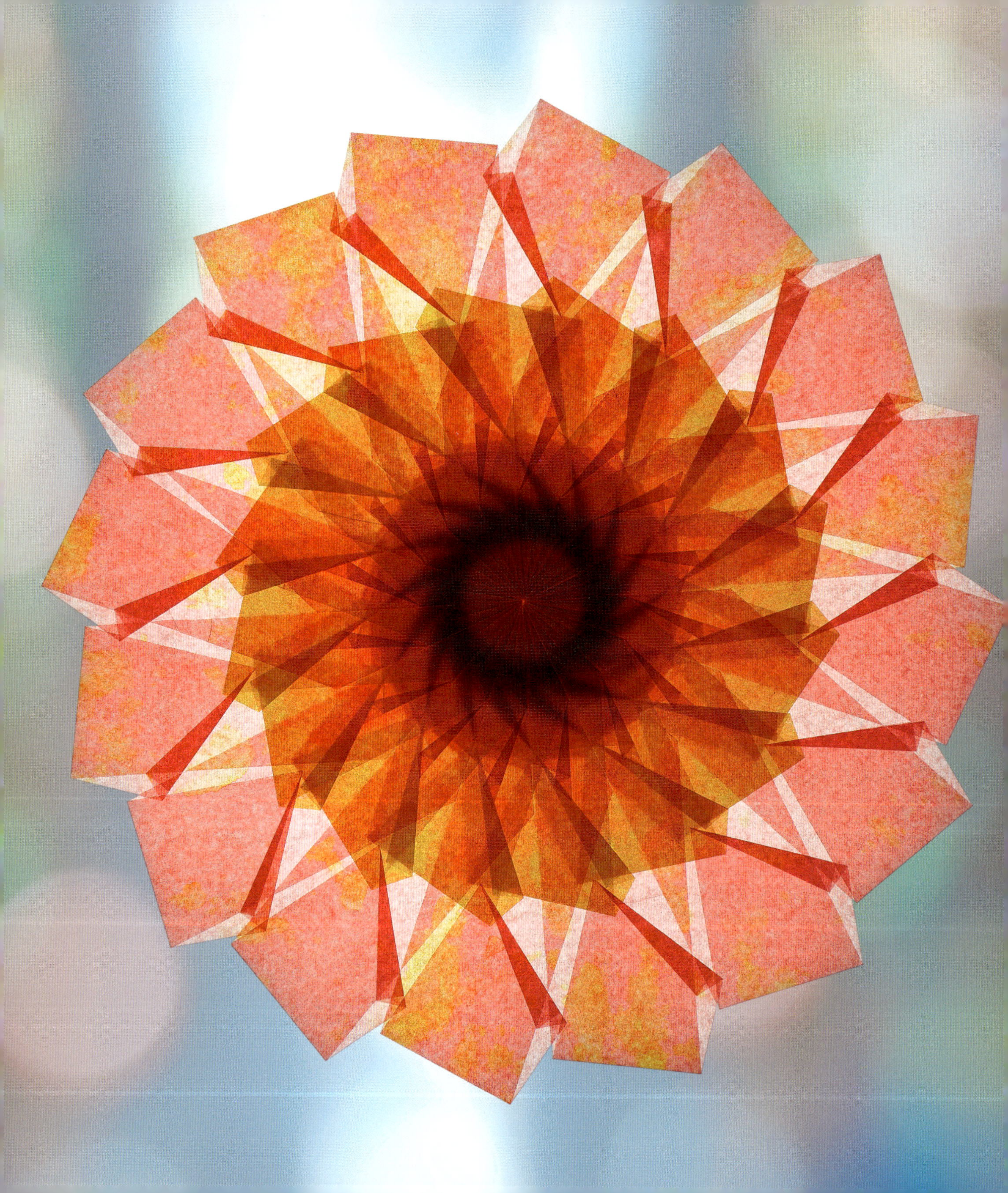

Abendsonne ****

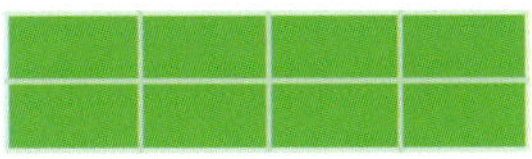

Sechzehnstrahlig
Ø 43,5 cm, Schnitt 7

Nach einem warmen Sommertag triumphiert am Horizont diese untergehende Sonnenscheibe. Majestätisch und malerisch gleitet sie farbenflutend in ruhiger Bewegung herab.

Um diese langsame, bis ins Zentrum hineinsaugende Strudelbewegung zu unterstützen, nehmen wir zwei zusammenpassende Seidenpapierfarben, z.B. ein blasses Rosa für die inneren und ein sanftes Gelb für die äußeren Strahlen. Am eindrucksvollsten wirkt die Sonne, wenn Sie das Papier vor dem Zuschnitt nass beleben, indem Sie ein halbes gelbes Blatt zwischen ein in zwei gefaltetes rosa Großblatt legen, um dann mit dem ganz durchnässten Schwämmchen die Papierschicht an vielen beliebigen Stellen stark zu imprägnieren. Diesen Vorgang kann man auf der Rückseite wiederholen (siehe S. 14).
Für die äußeren Strahlen brauchen Sie ein ganzes Blatt, für die inneren Strahlen nur ein halbes. Insgesamt benötigen Sie also 24 lange Rechtecke nach Schnitt 7. Falten Sie erst alle Schnitte zweimal hintereinander in die Länge. Fest kniffen und öffnen. Sie erhalten drei deutliche Vertikallinien.
Nehmen Sie die 8 Schnitte (vom halben Blatt), deren Farbe Sie für die Gestaltung der inneren Strahlen am Zentrum (Z) reserviert haben. Halbieren Sie diese 8 Schnitte mit

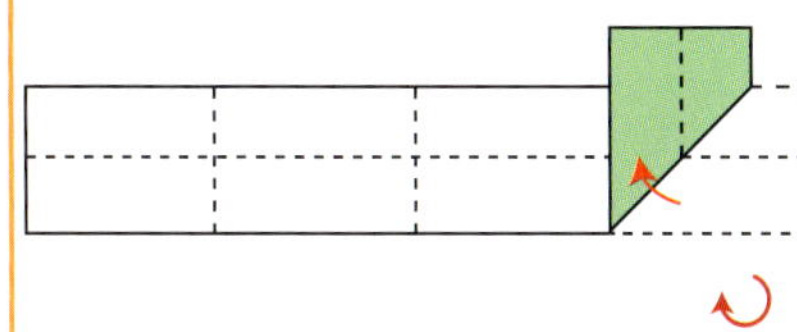

1

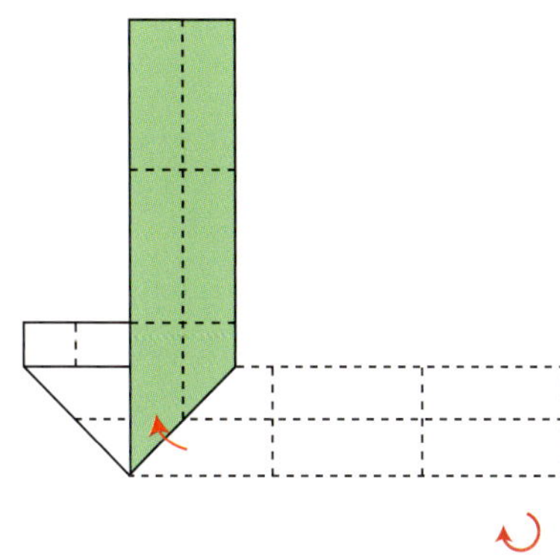

2

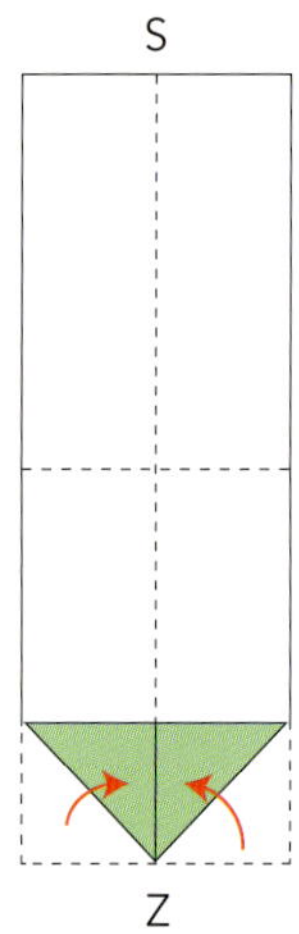

3

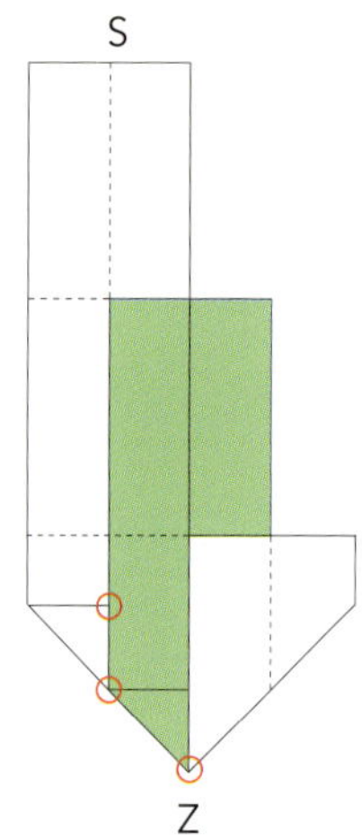

4

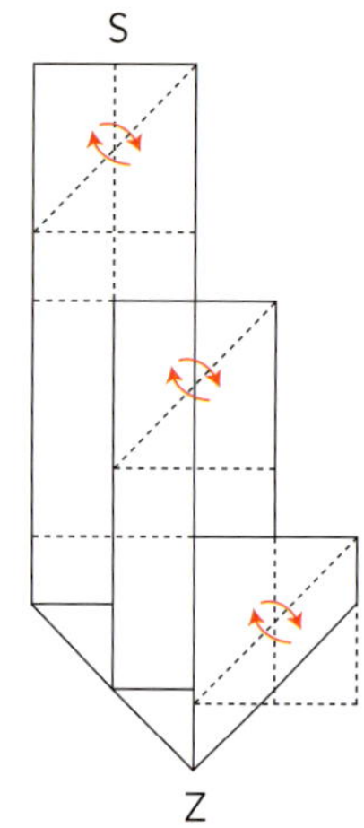

5

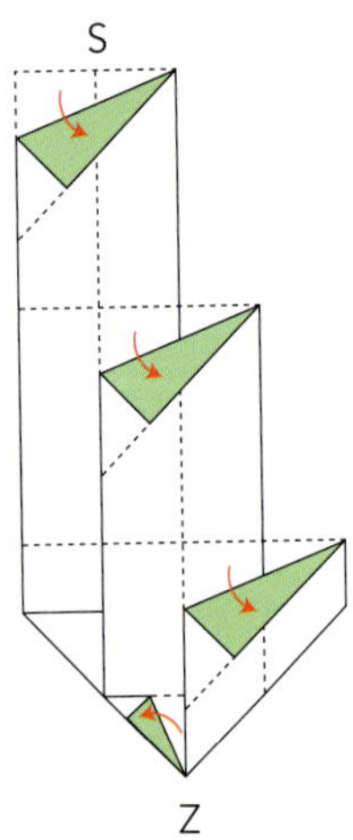

6

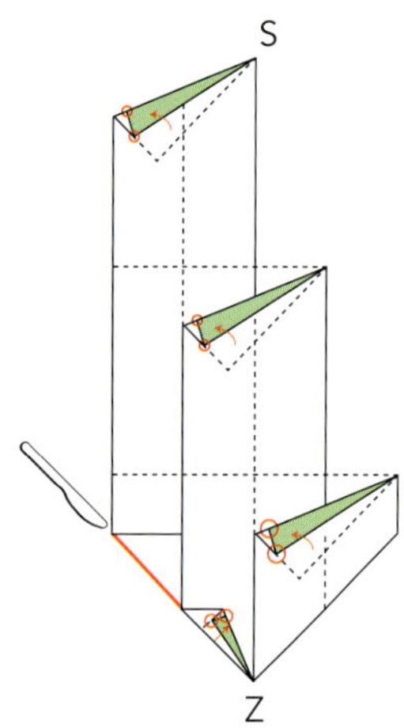

7

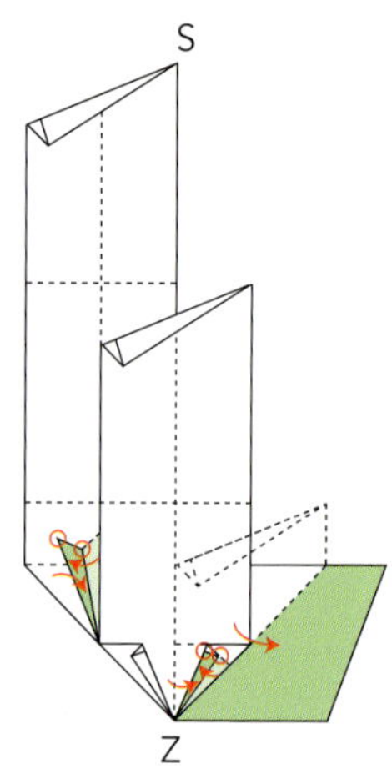

8

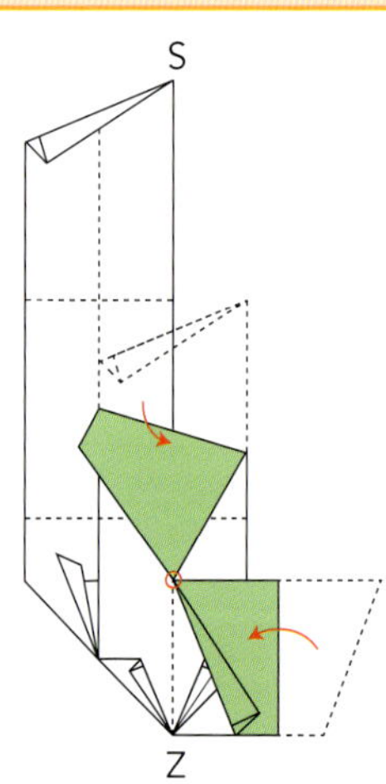

9

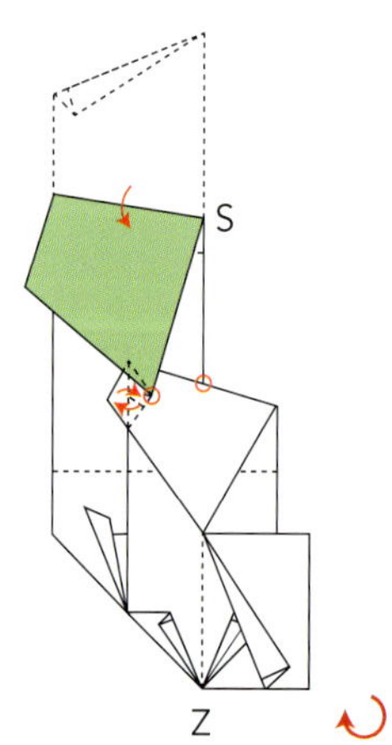

10

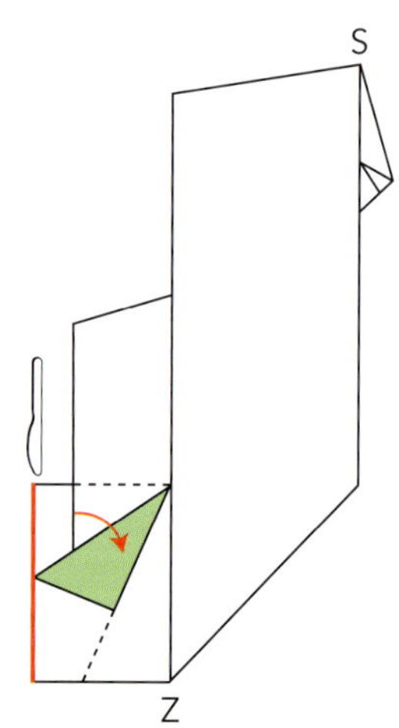

11

dem Messer, um 16 kürzere Rechtecke (beim Nachprüfen ergibt sich: 17,5 cm x 6,2 cm) zu bekommen.
Jetzt die horizontale Mittellinie für alle 32 Schnitte bilden (16 lange für außen und 16 kurze für innen).

Für die 16 langen äußeren Strahlen

Abb. 1: Legen Sie die rechte untere Kante auf die nächste Vertikallinie. *Drehen Sie den Schnitt um.*
Abb. 2: Auf der Rückseite legen Sie den langen Schnittteil nach oben auf dieselbe Vertikallinie. *Den Schnitt wieder umdrehen.*

Für die 16 kurzen inneren Strahlen

Abb. 3: Gehen Sie jetzt zu den kleinen Schnitten über und falten Sie nach der Zeichnung.
Abb. 4: Je zwei unterschiedlich lange Schnitte zusammenbringen, indem der kurze in den langen gesteckt wird (siehe Zeichnung): Zentrum auf Zentrum sowie die linke Außenkante auf die Mittellinie des langen Schnittes. Dabei wird der rechte untere Teil des kurzen Schnittes mit dem anderen bedeckt. Die drei angegebenen Klebepunkte anbringen.
Abb. 5: Drei Vorbereitungsfalten: die drei abgestuften Oberkanten auf die rechten Kanten legen und wieder öffnen.
Abb. 6–7: Falten Sie den Zeichnungen entsprechend. Danach bringen Sie die acht Klebepunkte an. Mit einer Rasierklinge die rot angedeutete linke Kante vom langen Schnitt vorsichtig aufschlitzen.
Abb. 8: Legen Sie zuerst den rechten Abschnitt flach nach außen. Bilden Sie die zwei kleinen Falten nach demselben Prinzip wie Schritt 6 und 7. Die vier Klebepunkte anbringen.
Abb. 9: Zuerst den rechten Abschnitt so schließen, dass seine äußerste Ecke auf die Mittellinie geklebt wird. Dann biegen Sie die nächste Spitze herab und kleben Sie sie auch daran.

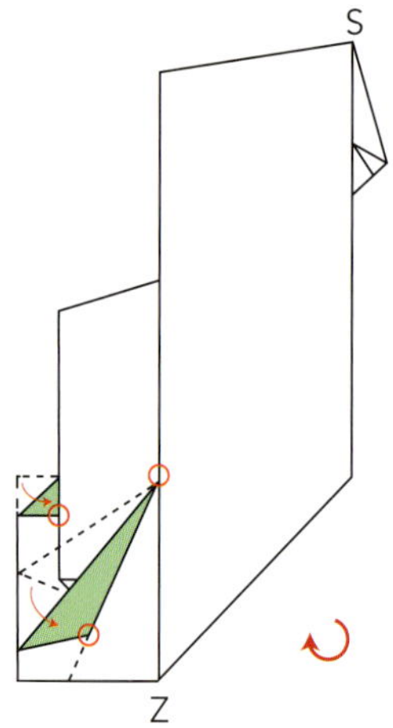

12

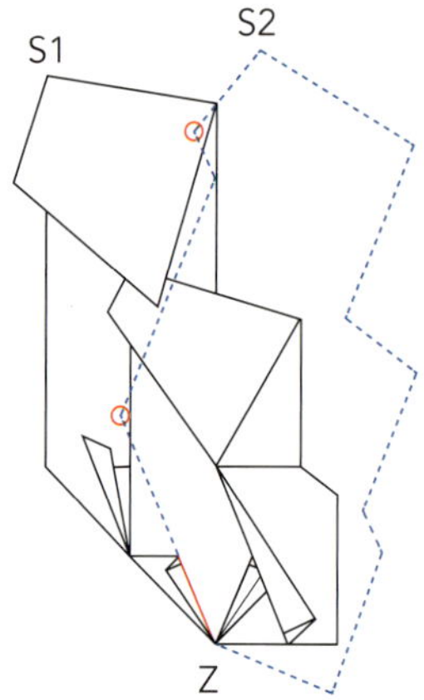

13

Abb. 10: Bevor Sie die obere Spitze (S) gemäß der Zeichnung herabbiegen, müssen Sie erst ihren Stützpunkt suchen. Bilden Sie also zuvor die Vorbereitungsfalte mit dem mittleren linken Eckchen. Genau an dieser Stelle legen Sie die Spitze (S) an. Lassen Sie dann dieses Hilfseckchen wieder frei und bringen Sie zuletzt die zwei Klebepunkte an. *Drehen Sie dann den Schnitt um.*
Abb. 11: Schlitzen Sie mit der Rasierklinge die ganze untere linke Kante der Schnittkehrseite auf (rot angedeutet). Die linke Ecke ankleben. Knicken Sie dann den frei gewordenen Winkel der oberen Papierschicht auf die durchschimmernde unterste Schrägkante zurück.
Abb. 12: Die letzte untere Falte weiterbilden. Das Eckchen der hinteren Schicht zurückknicken. Kleben.
Drehen Sie danach den fertigen Schnitt auf die Vorderseite.

Das Zusammensetzen der sechzehn Schnitte

Abb. 13: Ansatzweise zeigt die Zeichnung, wie Sie den zweiten Schnitt an die innere linke (Z)-Schrägkante des ersten anlehnen müssen (mit roter Linie verdeutlicht). Damit die Papierschichten schön glatt bleiben, legen Sie während des Klebens Ihre andere Hand flach auf die gesamte Schnittfläche. Transparent mit zusätzlichen Klebestrichen stabilisieren.

Noch leuchten die Strahlen beim Sonnenuntergang!

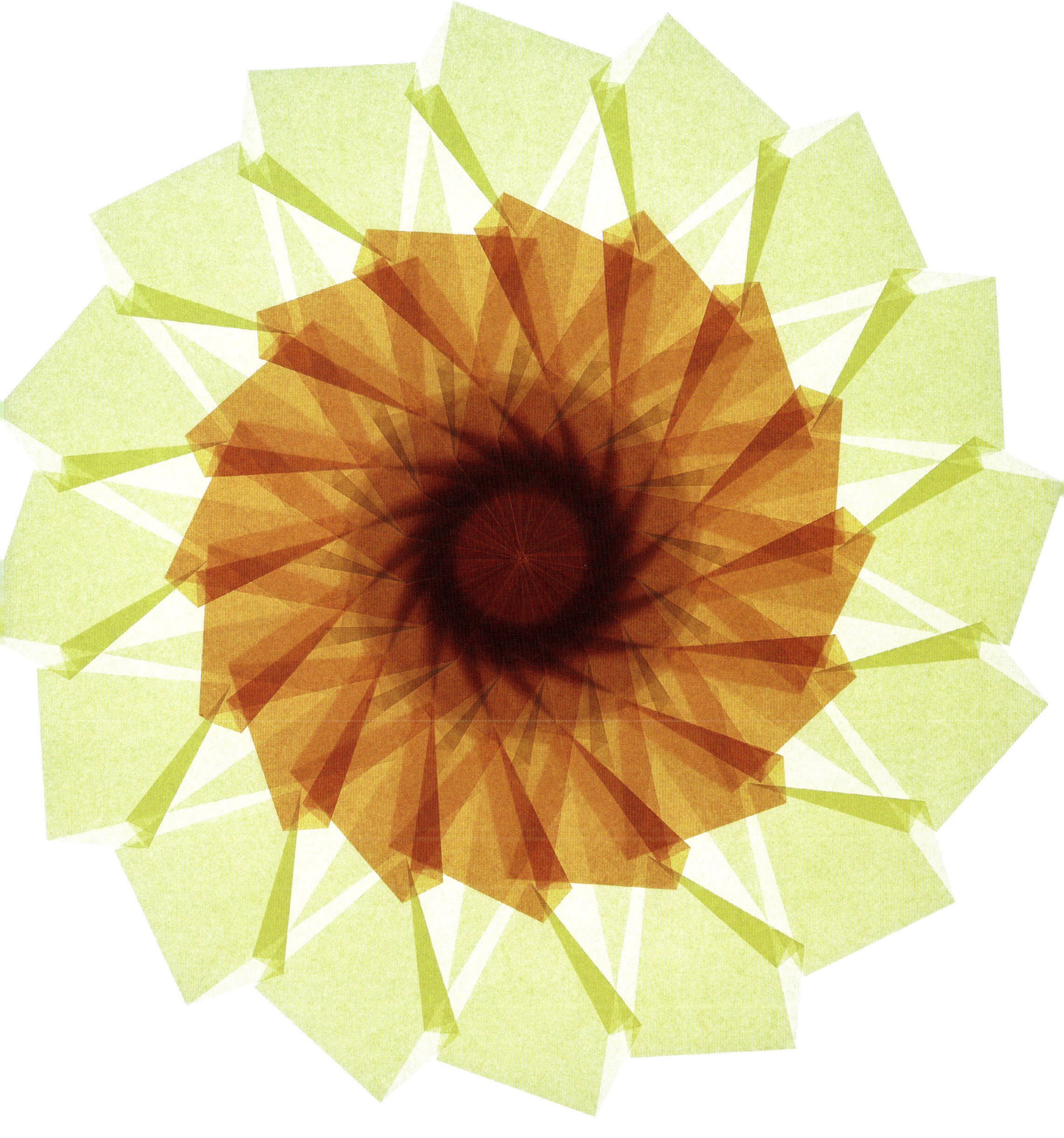

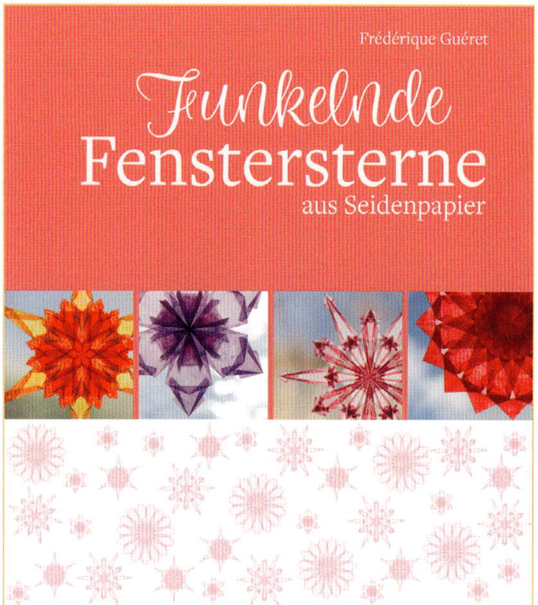

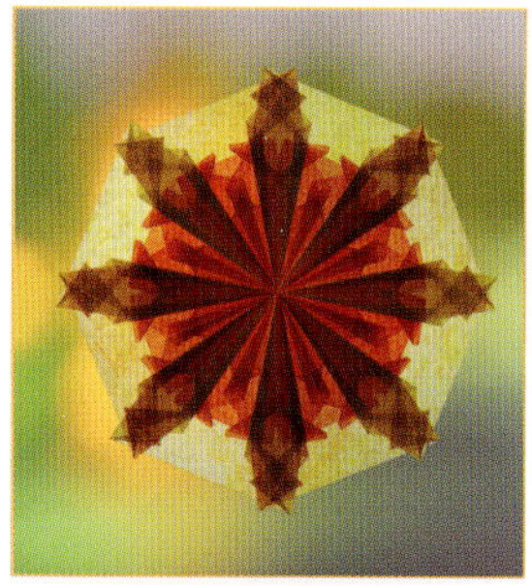
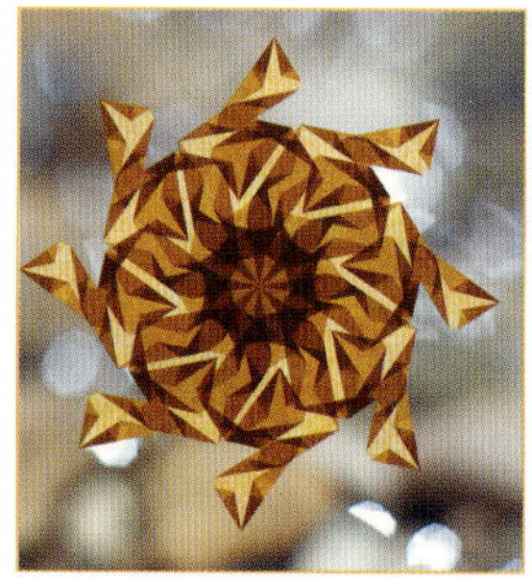
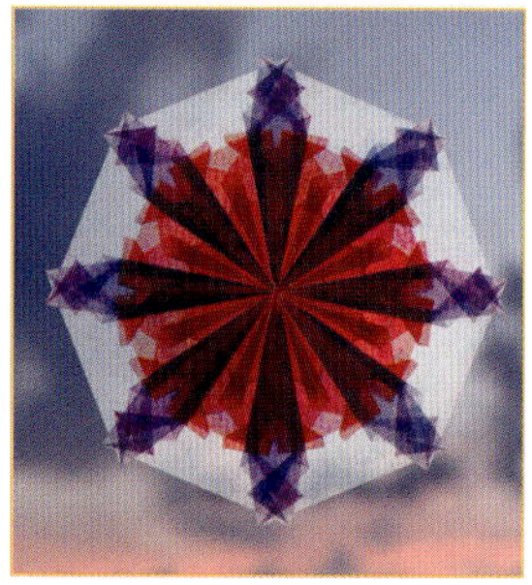
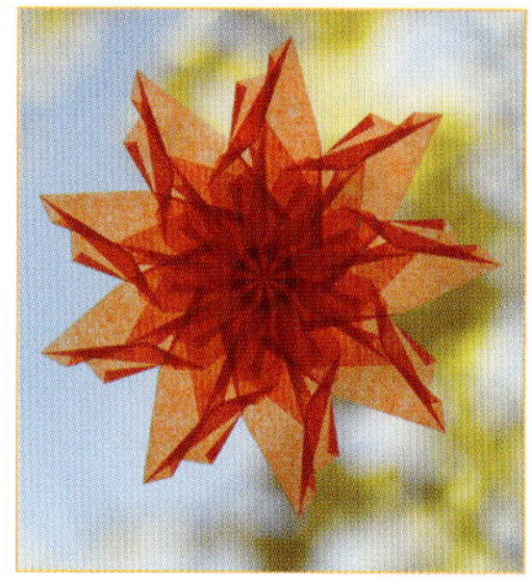

135 Seiten, durchgehend farbig, gebunden
ISBN 978-3-7725-2637-4

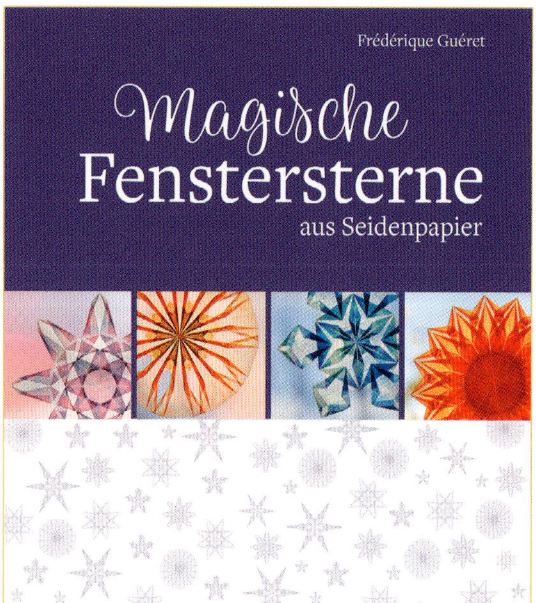

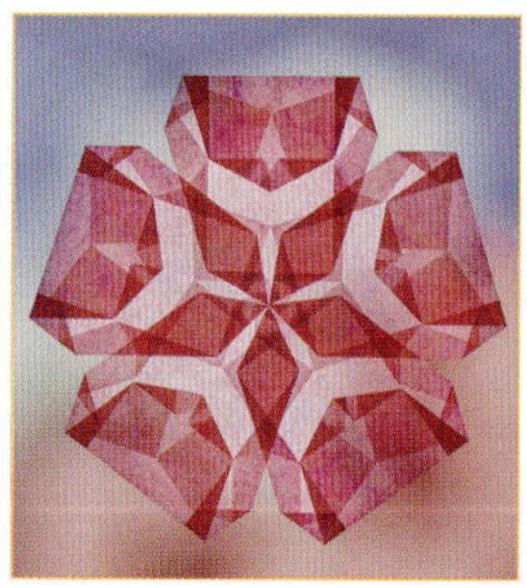
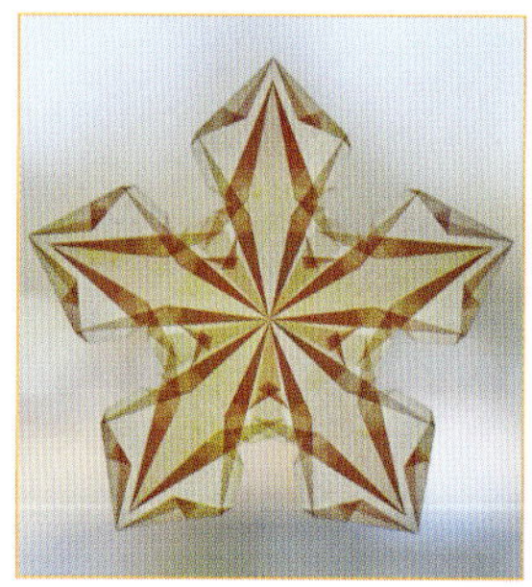
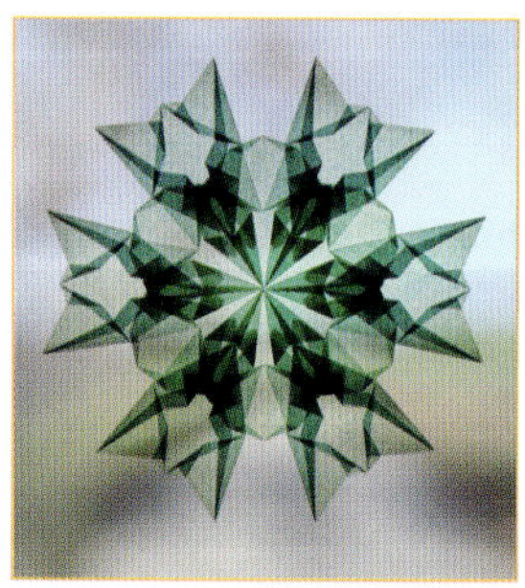
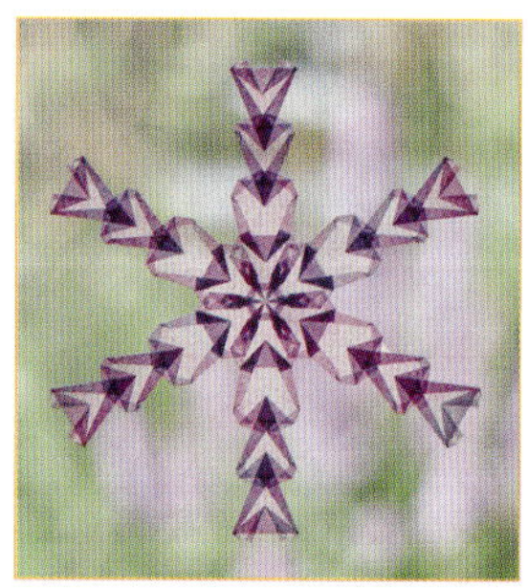

136 Seiten, durchgehend farbig, gebunden
ISBN 978-3-7725-3144-6

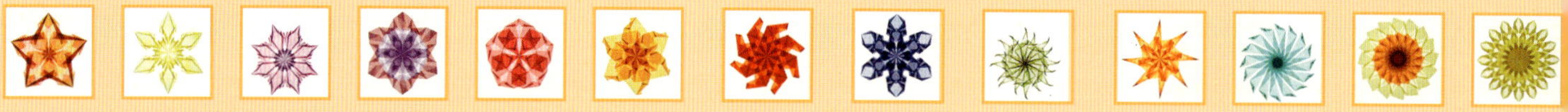